기본소득, 공상 혹은 환상

기본소득, ── 공상 혹은 환상

기본소득을 넘어
국가를 다시 생각해보기

김공회 지음

오월의봄

기본소득론이
계속 실패하는 이유

이 책은 오랜 잉태 기간을 거쳤다. 이것은 나 자신의 연구와 사유 뿐 아니라 지난 수년간 사회운동과 정부의 정책 과정에 다양하게 개입하면서 만난 많은 이들로부터 받은 영감의 산물이기도 하다.

　기본소득에 대한 책을 낼 생각을 본격적으로 한 건 5년 전쯤 이었던 것 같다. 한 출판 편집자의 제안을 받고서다. 나는 이미 그 때까지 기본소득에 대해 다양하게 발언을 해왔던 터라, 그간의 작 업만 갈무리해도 기본소득 개념에 대한 그럴싸한 비판서 한 권 정 도는 낼 수 있겠다고 당시엔 생각했었다. 물론 그것은 잘못된 생 각이었고, 그걸 깨닫는 데 많은 시간이 필요치 않았다. 기본소득 론을 둘러싼 환경이 무서운 속도로 변모했기 때문이다.

　실제로, 기본소득은 10년 전만 해도 급진좌파 일각이 내놓는 다소 황당한(?) 요구였을 뿐이다. 그러나 이제 그것은 제도권의 주 요 학술대회나 학술지 특집호의 주제로 다뤄지고 있다. 국책 연구기관에서 그 도입 가능성을 진지하게 검토하고 기초 및 광역 지자체는 물론 중앙정부까지도 기본소득 성격의 정책들을 실행하는가 싶더니, 마침내 2022년 3월 대통령 선거에서는 주요 정당 후보의 핵심 공약의 하나로까지 이름을 올리고 있다.

기본소득은 단순히 그 '체급'만 높아진 게 아니다. 더 유연해졌다. 지난날 엄격한 기본소득론자들은 국가에 의한 복지제도는 대부분 없애고 거기 들었던 돈으로 모든 시민에게 상당액의 기본소득을 지급하자고 주장하곤 했다. 그러나 지금은 특정 연령대에 속하는 사람에게 일정 기간 지급하는 급부도 보편적 성격만 띠면 기본소득이라고 부른다.

이 과정에서 기본소득론의 어떤 면모를 어떻게 다룰 것인지를 정하기가 매우 어려웠다. 처음 생각했던 개념적 비판은 이제 더 이상 유효하지 않은 것처럼 보였다. 이미 현실의 기본소득은 그 개념적 엄밀성이라는 굴레를 벗어던졌기 때문이다. 굴레에서 벗어나자 기본소득은 날개라도 단 듯 날아올랐다. 전국 방방곡곡에서 '기본소득'이라는 이름이 붙은 다양한 정책들이 우후죽순처럼 솟아올랐고, 2020년 총선에서는 기본소득이라는 이름이 붙은 정당까지 출현해 국회의원을 배출하기도 했다. 여기서 이상한 것은, 개념적 엄밀성의 굴레를 벗어던졌는데도 여전히 그것은 '기본소득'으로 불리고 있다는 거였다. 왜 사람들은 핵심이 빠진 기본소득을 여전히 기본소득이라고 부르면서 열광하는 것일까? '알맹이'는 버렸지만 기본소득이라는 '껍데기'가 지닌 '브랜드파워'를 포기하기는 어려운 걸까? 이런 상황이 지속되자, 기본소득 개념에 대한 논의를 다시금 진지하게 해보면 어떨까 하는 생각이 들었다. 혹시 사람들은, 자신들이 사실은 기본소득의 핵심을 저버렸다는 걸 모르고 있는 것이 아닐까? 옹호자들과 대화를 하면 할수록, 관련된 책이나 논문을 읽으면 읽을수록, 이런 의혹은 점차 강해져 갔다.

✫✫

사실 한동안 나는 아무래도 좋다고 생각했다. 그 옹호자들이 뭐라고 생각하든 지금 우리 사회에서 기본소득이라는 이름으로 제안되는 정책들은 어차피 기본소득이 아니니, 이런 상황에서 기본소득이 맞냐 틀리냐 따위를 따지는 건 무의미하다. 더구나 그것이 뭐라고 불리든 현실의 개선에 기여만 한다면 마다할 이유가 없지 않겠는가. 실제로 기본소득 옹호자들은 최근 우리나라에서 아동수당이나 청년수당이 도입되는 데 상당한 기여를 했다. 이런 생각으로 한동안 나는 기본소득론에 대해 관용적이고 타협적인 태도를 취하기도 했다.

　그런데 기본소득의 인기가 높아지고 그것이 우리의 경제와 사회 곳곳에서 다양한 형태로 시도되는 과정을 지켜보며, '이래서는 안 되겠다'는 생각이 내 안에서 점차 커져갔다. 사람들이 '기본소득'이라는 이름으로 주장하는 게 사실은 기본소득이 아니라는 건, 별로 중요하지 않다. 문제는 이거다. 기본소득이 아니라면, 그것은 무엇인가? 그들이 '기본소득'이라는 이름으로 주장하는 것이 실제로는 무엇인가? 그것은 '보편적 급부' 그 자체다. 이 책에서 드러나듯 나는 기본소득에 회의적인 입장이지만, 그렇다고 기본소득이 그 나름의 독특한 매력을 가진 아이디어라는 걸 부정하진 않는다. 하지만 보편적 급부('모든 이에게 똑같이')도 그러한가?

내가 이 책의 본문에서 보이고자 노력하듯이, 기본소득은 보통 보편적 급부의 형식을 띠지만, 모든 보편적 급부가 기본소득은 아니다(둘을 구별하고, 그 차이를 중심으로 기본소득의 의의를 따진 것은 이 책의 중요한 기여일 것이다). 기본소득을 기본소득으로 만들어주는, 그러니까 그것의 본질적 성격은 따로 있다. 편의상 그것을 X 라고 하자(본문을 읽어보면 이 X가 무엇인지 알 수 있다). 이렇게 보면 보편적 급부라는 형식은 기본소득의 본질이 아니고, 반대로 기본소득의 본질인 X가 나타나는 필연적인 형식(Y)일 뿐이다. 그러나 최초의 엄밀했던 기본소득 규정이 완화되면서, X가 형해화된 동시에 그저 형식에 지나지 않았던 보편적 급부라는 껍데기가 마치 기본소득의 본질인 양 행세하고 있는 셈이다.

그러니 지금 기본소득 성격의 정책으로 선전되고 있는 아동수당, 청년수당, 기초연금, 농민기본소득 등은 '보편적 급부'라는 형식만을 공유하고 있을 뿐 기본소득과 거의 무관하다. 물론 위에서 밝힌 대로, 어쨌든 우리나라에서 아동, 청년, 노인, 농민에 대한 공적 지원은 늘어날 필요가 있으므로 나는 거기에 크게 반대를 표한 적은 없다. 하지만 이 추세가 계속되는 것에는 걱정이 든다. 보편적 급부라는 형식이 그렇게까지 옹호되어야 하는 가치인가?

*
**

사실 기본소득의 정의는 별다른 설명이 필요치 않을 정도로 지극히 단순하다. 공동체의 모든 구성원에게 정기적으로 지급되는 정액의 현금, 그것이 기본소득이다. 너무 쉽지 않은가. 그렇다면 사람들이 이런 기계적인 규정 따위를 몰라서 미궁에 빠졌을 리는 없다. 그러니 한 발짝 물러나 생각해보자. 어떤 대상을 안다는 게 뭘까? 그 대상이 사람이라고 해보자. 그의 주민등록등본이나 이력서에 나오는 신상정보만으로 그 사람을 안다고 할 수 있을까? 기본소득의 위 정의는 생년월일이나 몸무게, 출신학교 등 그런 신상정보와 같은 것이다. 하지만 한 사람을 규정하는 더 중요한 건 그 사람이 실제로 살아온 내력 아닐까? 살아오는 동안 그 사람은 어떠했고, 또 무엇을 했는가—바로 여기에 그의 본질이 담겨 있다.

이 책의 1부가 기본소득 또는 기본소득과 유사한 여러 제안들의 역사를 살피는 데 집중하는 것은 그래서다. 기본소득의 공인 역사가들에 따르면 기본소득의 탄생은 18세기 말까지 거슬러 올라간다. 그 탄생 이후 200년 넘는 시간을 살아오면서 기본소득은 무엇이었는가? 그리고 그 시간 동안 기본소득은 무엇을 했는가? 여기서 우리는 오늘날 기본소득이 '4차 산업혁명'이 낳는 폐해의 해결책으로 제시되는 것에서 착안해, 지난 세 번의 산업혁명들 속에서 실제로 기본소득 계열의 주장들이 행한 역할을 살핀다. 1부가 세 개의 장으로 이루어진 것은 그래서다.

기본소득의 내력에 대한 이러한 검토는 그것의 현재를 판단할 때 좋은 근거를 제공한다. 이것이 2부의 과제다. 여기서는 그것이 살아온 역사에 입각해 기본소득의 개념을 재검토하고(4장), 기본소득과 함께 최근 '기본 시리즈'로 각광받는 기본자산의 의의를 살펴본 뒤(5장), 코로나19 국면에서 실행되어 기본소득론자들의 열광적인 환호를 자아내기도 했던 긴급재난지원금을 어떻게 볼 것인지가 다뤄진다(6장).

이쯤 되면, 기본소득은 우리의 미래를 책임지기에는 구태의연하고 허술한 무기임이 드러날 것이다. 책의 제목에서 기본소득을 '공상 혹은 환상'이라고 부른 것도 그래서다. 그렇다면 우리는 앞으로 닥칠 삶의 불안정과 위험에 어떻게 대응해야 할까? 이 질문에 대한 아주 개괄적인 답변을 내놓는 게 3부의 과제인데, 사실 그 답도 부분적으로는 1부의 역사적 검토에서 이미 주어져 있다. 결국 우리의 미래도 이제껏 우리가 지나온 궤도에서 크게 벗어날 순 없을 것이기 때문이다. 기본소득론의 문제가 바로 이것이다. 그것은 우리가 어디에서 와서 어디로 가고 있는지, 특히 자본주의 경제의 내적 메커니즘이 어떠하고 그것이 체계적으로 일으키는 문제가 무엇인지, 그리고 더 중요하게는 자본주의 스스로 어떻게 변모하면서 자신이 일으킨 문제에 대한 그 나름의 해결책을 내놓는지를 올바로 이해하지 못한다. 그런 몰이해 위에서 제시되는 대안이 얼마나 효력을 가질까? 바로 이것이 기본소득론이 지난 역사에서 실패한 궁극적인 이유이고, 또 앞으로도 실패할 가능성이 크다고 여겨지는 이유다. 이상과 같은 반성은 이 책의 부제목이 시사하는 대로 국가의 사회경제적 역할에 대해 근본적으로 다시 생각해볼 필요성을 제기한다.

⋆⋆

이 책은 저자가 그간 기본소득과 관련하여 내놓은 다양한 글들을 곳곳에서 활용하고 또 발전시키고 있다. 해당 부분에서 그런 사정을 일일이 밝히기 어려우니, 사용된 글의 목록을 다음과 같이 밝혀둔다.

- 〈기본소득, 공상 혹은 이상〉, 《환상—한편 3호》, 민음사, 2020.

- 〈기본소득 논의로 보는 국가의 역할〉, 《기본소득 시대》, 아르테, 2020.
- 〈긴급재난지원금은 기본소득의 마중물인가?: 기본소득(론)의 과거, 현재, 미래〉, 《마르크스주의 연구》 제17권 제3호, 2020.
- 〈기본자산제, 그게 최선입니까?〉, 《프레시안》, 2020.11.25. http:// www.pressian.com/pages/articles/2020112414434509243.
- 〈기로에 선 사회보장: 사회보장 확대의 경제적 타당성〉, 《중장기 사회보장 발전 방향 모색을 위한 사회보장 의제 발굴 연구》, 정책보고서 2020-101, 한국보건사회연구원·보건복지부.
- 〈기본자산, 정말로 그게 최선입니까〉, 《참여연대 월간 복지동향》, 2021년 8월호(274호).
- 〈납작해진 불평등 담론을 입체화하기 위하여〉, 《프레시안》, 2021.9.25. http://www.pressian.com/pages/articles/2021092415182139287.

글의 일부를 이 책에 활용할 수 있게 해준 관계자들께 깊이 감사드린다. 기왕 감사 인사를 시작한 김에 몇 사람 더 언급하고 자 한다. 나에게 이 책을 내도록 최초의 자극과 함께 많은 영감을 준 김주원 편집자를 가장 먼저 언급하고 싶다. 지금 이 책은, 비록 그의 손을 거치지도 않았고 5년 몇 개월 전에 그가 나에게 내밀었 던 기획서와는 크게 다른 내용을 담고 있지만, 그의 열정이 아니 었다면 이 프로젝트는 시작되지도 못했을 것이다. 다음으로 진보 네트워크센터('진보넷http://jinbo.net') 활동가 덩야핑에게도 각별한 감 사의 마음을 전하고 싶다. 거의 3년 전쯤 나는 덩야핑이 운영하는 진보넷의 유튜브 채널 '따오기'에 초대받아 기본소득 관련 영상을 찍었다. 당시엔 재미 삼아 한 일이었는데, 돌이켜보면 이 일이 아 니었으면 당시 거의 죽어 있던 기본소득(비판)에 대한 나의 열정이 다시 살아나기는 힘들었을 것 같다. 이 책에 나오는 여러 아이디 어는 당시 덩야핑과 나눴던 대화에서 비롯되었다. 또한 집필 과정

내내 엉성한 초고를 읽고 조언과 격려를 아끼지 않은 한국보건사회연구원의 정세정 박사께도 감사한다. 이 책에서 나는 사회복지학 관련 내용을 종종 언급하지 않을 수 없었는데, 그래서 사회복지학 박사인 그에게 초고를 보내놓고 나면 마치 숙제 검사를 받는 어린아이처럼 초조해지곤 했다. 끝으로, 이런저런 우여곡절로 표류하던 프로젝트를 맡아 출판해준 오월의봄 박재영 대표와 그 구성원들께도 깊이 감사드린다. 이렇게 이 책의 탄생은 여러 사람의 도움 없이는 가능하지 않았을 테지만, 여전히 책에 남아 있는 엉성함과 오류는 온전히 저자의 책임이다.

2022년 6월 23일
남강을 내려다보며
김공회

3부. '기본'을 넘어서

기본소득의 과거

세 번의 전투,
세 번의 패배

1장

첫 번째 전투:
자본주의 형성과 기본소득

기본소득론의 입장에서 4차 산업혁명은 이중적인 의미가 있다. 한편으로 그것은 향후 인간을 고된 노동의 굴레로부터 해방시킬 잠재력을 가졌다. 4차 산업혁명으로 대부분의 생산이 기계에 의해 이루어지면, 기본소득의 세상이 올 것이다. 다른 한편으로, 4차 산업혁명과 기계에 의한 일자리 대체가 하루아침에 이루어지지는 않는다. 오랜 시간이 걸릴 것이고, 그 과정에서 의도치 않게 많은 사람들의 삶이 위태로워질 것이다. 기본소득은 이런 이들의 삶을 안정시키는 데도 특효약일 것이다.

위와 같은 기본소득 옹호자들의 주장, 과연 타당할까? 정말로 기본소득은 단기적으로는 4차 산업혁명에 따른 고용불안과 소득불균형을 시정해주고, 마침내 4차 산업혁명이 완수되는 장기에는 인류를 위한 새로운 소득보장 체계로 자리매김할 수 있을까? 아니, 그보다 먼저, 정말로 저 4차 산업혁명이라는 게 벌어지고 있기는 한 건가? 기본소득의 잠재력에 기대를 품는 사람들이 빠르게 늘고 있는 건 사실이지만, 이런 질문에 확신 있게 대답할 수 있는 이들은 그리 많지 않다. 기본소득이 어려운 개념이어서가 아니다. 아직 닥치지는 않았지만 상당히 임박했다고 여겨지는 미래의 어떤 위험에 대비하고자 하는 정책이 기본소득이다. 그러나 위험('4차 산업혁명')의 실체도 아직 명확하지 않은 마당에 그 대비책이 시급하고 명료하게 보이기는 쉽지 않을 것이다.

기본소득에 비판적인 사람들은 물론이고, 위와 같이 기

본소득 자체에는 호의적이더라도 그 옹호자들이 내세우는 약속에는 100% 확신이 서지 않는 사람들은 기본소득의 역사를 살펴보는 것이 도움이 될 것이다. 흔히 기본소득이 미래의 대안으로 제시되므로, 기본소득의 역사가 꽤 깊다는 사실은 많은 이들에게 놀라움으로 다가갈지도 모르겠다. 오늘 우리가 기본소득이라고 부르는 것은 직접적으로는 1970년대 중후반에 출현했지만, 그 기원이 되는 아이디어는 18세기 후반에 본격적으로 등장하기 시작했다. 그 아이디어는 이후 200년 넘는 시간을 거치며 다양한 이름으로 불리면서, 특히 경제가 불황에 빠지고 대중의 삶이 위태로워질 때마다 반복적으로 주목을 받곤 했다.

자본주의 경제의 주기적 위기와 산업혁명들

지금은 카를 마르크스Karl Marx, 1818~1883를 경제학자로 기억하는 사람은 거의 없을 테지만, 그는 경제학 발달에 여러 가지 독창적인 기여를 했다. 그가 정립한 명제 가운데 하나가 자본주의 경제는 주기적인 경기변동business cycle과 공황crisis 또는 panic을 겪는다는 것이다. 단순히 호황과 불황을 번갈아가며 겪는다는 게 아니다. 마르크스에 따르면, 자본주의 경제는 생산과 유통(시장)의 '무정부성' 때문에 때때로 갑작스러운 벼락경기를 맞기도 하며, 그러한 급속한 경기상승은 거의 언제나 대폭락의 아수라장으로 막을 내리곤 한다. 그렇다고 이러한 폭락이 곧장 자본주의의 종말을 의미하지는 않는다. 폭락은 경제 전체가 재편되는 기회가 되기도 하고, 그러한 재편은 경제가 새로운 고지를 향해 나아가는 원동력이 되기도 하니 말이다.

　　반면 폭락이 유독 클 때도 있는데, 이 경우엔 회복도 쉽지 않다. 노벨경제학상을 수상한 최고의 경제학자이자 미국을 대표하는 일간지 《뉴욕타임스》의 최장수 칼럼니스트 중 하나이기도 한 폴 크루그먼Paul Krugman 교수의 말을 들어보자. "경기후퇴recession는 흔하지만, 불황depression은 드물다. 내가 아는 한 경제사에서 오직 두 시기만이 당대에 '불황'이라고 불렸다. 1873년 공황Panic of 1873에 뒤이은 수년에 걸친 디플레이션과 불안정의 시기가 그랬고, 1929~1931년의 금융공황 이후 수년에 걸친 대량실업의 시기가 그랬다."[1] 그렇다. 1873년의 경기 대폭락, 1929년 주식시장 붕괴에 이어 1931년까지 이어진 잇따른 금융공황은 그 깊이도 깊이였지만, 회복에도 오랜 기간이 걸렸다. 크루그먼이 위 칼럼에 〈세 번째 불황The Third Depression〉이라는 제목을 붙여놓은 것을 보면, 글을 쓴 당시(2010년 6월)를 단순한 경기후퇴가 아니라 불황으로 판단한 듯하다. 즉 2007~2008년의 글로벌 금융공황GFC: Global Financial Crisis에 뒤이은 심원한 불황의 한복판에 자신들이 있다는 것이다.

　　이와 같은 아찔한 대폭락(공황)과 잇따르는 장기간의 대불황의 원인은 무엇인가? 오늘날과 같은 복잡한 경제에서 단 하나의 원인을 꼽기는 어렵지만, 그 어떤 경제위기를 보더라도 그 근저에는 해당 시기 자본주의 경제의 성장 동력 소진이라는 근본적인 원인이 공통적으로 깔려 있다. 보통의 경기후퇴와는 달리 이러한 종류의 위기는 그저 몇몇 기업의 도산이나 중소 규모의 산업 재편으로는 극복하기 어렵다. 새로운 성장 동력을 자본주의 경제에 공급해주지 않으면 안 된다. '산업혁명'이 그것이다.

흔히 산업혁명The Industrial Revolution이라고 하면 대략 1760년대부터 1840년대까지 영국(잉글랜드)에서 증기기관을 이용한 기계장치와 대규모 임노동자 집단의 결합으로 발생한 생산력의 비약적 발전을 일컫는 용어였다. 이러한 생산력을 토대로 다양한 재화와 서비스 생산이 자극되면서 본격적인 산업 자본주의가 시작되었다. 나아가, 이러한 생산력 향상을 바탕으로 벌어진 경제와 사회의 대변혁(예: 교통·통신의 발달, 생활수준 향상 등)까지도 산업혁명에 포괄되기도 한다. 높아진 생산력은 자본주의를 지리적으로 확장하는 토대가 되기도 했고, 그 결과 산업혁명은 지구 구석구석에 이식되었다. 하지만 이때까지만 해도 산업혁명은 고유명사에 가까웠다.

산업혁명을 본격적으로 다룬 최초의 논자 가운데 하나인 프리드리히 엥겔스Friedrich Engels, 1820~1895의 말을 들어보자. 엥겔스는 스물다섯 약관의 나이에 발표한 명저《잉글랜드 노동계급의 처지》의 서문을 다음과 같이 연다. "잉글랜드에서의 노동계급의 역사는 지난 세기의 후반, 증기기관과 면화의 가공을 위한 기계의 발명과 더불어 시작한다. 이러한 발명들은 잘 알려져 있는 바와 같이 산업혁명에 자극을 주었던바, 이 산업혁명으로 말하면 부르주아 사회 전체를 변혁시켰던, 그리고 지금에야 비로소 그 세계사적 의의가 인식되기 시작하는 혁명이다."[2] 이어서 이렇게 말한다. "산업혁명은 프랑스에 대하여 정치혁명이, 독일에 대하여 철학혁명이 가지는 것과 같은 동일한 의의를 잉글랜드에 대하여 가지고 있다. 또한 1760년의 잉글랜드와 1844년의 잉글랜드 사이의 간격은 적어도 구체제의 프랑스와 7월혁명의 프랑스 사이의 간격만큼이나 크다. 그러나 이 산업상의 변혁의 가장 중요한 성과는 잉글랜드 프롤레타리아트이다."[3]

그러나 이러한 대변혁이 유럽 전역으로 퍼져나감에 따라 산업혁명이라는 용어는 다른 시기에 다른 지역에 대해서도 곧잘 쓰이게 되었고, 마침내 경제학자 조지프 슘페터Joseph A. Schumpeter, 1883~1950는 다음과 같이 산업혁명 개념을 일반화하기에 이른다. "경제활동의 장기 파동들을 들여다보면 …… 이들 각각이 하나의 '산업혁명'을 구성한다. …… 그러한 장기적 파동은 1780년대 말엽에 떠오르기 시작해 1800년 무렵 정점에 달한 뒤 하락하다가 일종의 회복이 1840년대 초에 끝난다. …… 그러나 이러한 [기존 파동의] 꽁무니를 따라 새로운 혁명이 1840년대에 시작하는 또 하나의 파동을 산출하며 발생한다."[4] 그러니까 슘페터는—그가 최초는 아니지만—특정 시기, 특정 장소에서 벌어진 특정한 '사건'을 일컫는 개념이었던 '산업혁명'을 일반화하고 있는 셈인데, 오늘날의 '4차 산업

<그림 1-1> 네 번의 '산업혁명'

제1차 산업혁명	제2차 산업혁명	제3차 산업혁명	제4차 산업혁명
18세기	19세기~20세기 초	20세기 후반	2015년~
증기기관 기반의 기계화 혁명	전기에너지 기반의 대량생산 혁명	컴퓨터와 인터넷 기반의 지식정보혁명	IOT/CPS/ 인공지능 기반의 만물 초지능 혁명
증기기관을 활용해 영국의 섬유공업이 거대 산업화	공장에 전력이 보급되어 컨베이어벨트를 사용한 대량생산 보급	인터넷과 스마트 혁명으로 미국 주도의 글로벌 IT기업 부상	사람, 사물, 공간을 초연결·초지능화하여 산업구조와 사회 시스템 혁신

혁명' 논의에 내포된 것도 바로 그러한 의미의 산업혁명이다.

그런데 아무리 스펙터클한 (정치적) 혁명이라도 그 혁명이 표방하는 가치들이 사람들의 마음을 사로잡고 그 가치에 따라 세상이 재편되고 나면 더는 혁명이 아니게 된다. 산업혁명도 마찬가지다. 18세기 중반의 '오리지널' 산업혁명의 특징은 증기기관을 동력으로 한 기계장치가 생산에 광범위하게 응용되었다는 데 있다. 이로써 각 산업 부문의 생산력이 비약적으로 발전했지만, 기계가 산업 전반에 도입되고 나면 산업혁명이 내포하는 높은 수준의 생산력은 이제 '표준'이 된다. 이렇게 시간이 흐르고 기존의 기술 패러다임이 구태의연해지면, 자본주의도 점차 발전 동력을 소진한다. 하지만 자본은 이윤을 획득해야 하고, 그러려면 경제는 성장해야 한다. 이러한 상황은 마침내 새로운 산업혁명을 요구한다. 전기라는 새로운 동력을 기반으로 한 새로운 기술 체계, 그로써 가능해진 새로운 산업(중화학공업) 발전과 한층 더 고양된 생산성! 이것이 두 번째 산업혁명이다. 이런 식으로 세 번째, 그리고 마침내 네 번째 산업혁명이 도래한다. 〈그림 1-1〉에 요약되어 있듯이, 4차 산업혁명의 옹호자들에 따르면, 세 번째 산업혁명은 1970년 무렵 컴퓨터와 가상 네트워크를 토대로 한 지식정보혁명이었고, 지금 문제가 되는 네 번째 산업혁명은 인공지능과 사물인터넷 등을 토대로 생산은 물론 우리의 사회관계 전반을 재편하고 있다. 비판할 지점이 없진 않지만, 꽤 그럴싸한 구별이다.

문제는 이러한 산업혁명, 그리고 그에 따른 경제 패러다임의 교체가 많은 부작용을 동반한다는 것이다. 종전까지 자신을 '숙련공'으로 대접받게 해주었던 기술들이 이젠 쓸모가 없어지는 것이 산업혁명이다. 이 숙련공은 하루아침에 일자리를 잃고, 소득 기반을 잃고, 삶이 송두리째 흔들리는 경험을 한다. 이런 비극이 몇몇이 아닌 대다수 사람의 일이 될 때, '기본을 보장하라!'라는 요구가 대대적으로 이루어졌다. 이렇게 경제의 대위기와 산업혁명, 그 과정에서 대중의 삶의 안정성 교란과 '기본' 요구는 일정한 시차를 두고 하나의 '패키지'를 이루어 진행되는 경향이 있다.

지금 우리가 겪고 있는 게 4차 산업혁명이라면, 지금까지 인류는 세 번의 산업혁명을 경험한 셈이다. 그렇다면 삶이 송두리째 흔들리는 경험을 적어도 세 번은 했을 것이다. 그렇게 사회 구성원 다수의 삶이 송두리째 흔들릴 때 사람들은 외쳤을 것이다. '기본을 보장하라!' 그렇다. 이렇게 '기본'은 대중의 삶의 안정성이 크게 흔들릴 때 그들이 가장 즉각적으로 내놓을 수 있는 요구다. 최초의 산업혁명이 본격화할 때도, 이제 자리를 잡은 자본주의가 새로운 차원으로 도약하려 할 때도, 그리고 또 그다음의 도약을 할 때도 대중들이 가장 즉각적으로 요구했던 것이 바로 '기본'이었다. 기본소득은 그러한 '기본'의 연장선에 있는, '기본'의 최신 버전이다. 그러므로 기본소득이 무엇인지를 알고자 한다면, 자본주의의 역사와 산업혁명의 역사를 보면 된다.

〈표 1-1〉은 현재 우리가 네 번째 산업혁명을 겪고 있다고 주장하는 '4차 산업혁명'론을 따라, 이제까지 자본주의의 역사에서 있었다는 세 번의 산업혁명과 더불어 그간 세계적 차원에서 '기본' 논의가 융성했던 세 번의 사례를 요약하고 있다. '기본'은 18세기 말엽에 처음 명확하게 제시된 이후 지금까지 두 세기 넘게 이어져오고 있는데, '기본' 논의는 이 기간에 걸쳐 꾸준하게 발전했다기보다는 대중의 삶이 각별히 위태로워질 때마다 주기적으로, 그리고 회를 거듭하면서 장소와 형태를 조금씩 달리하면서 터져 나왔다. 오늘날 전 세계적으로 '기본'이 다시금 주목받는 것은 이상과 같은 역사의 연

〈표 1-1〉 세 번의 산업혁명, 세 번의 '기본' 제안

산업혁명			'기본' 제안	
회차	시기	내용	지역	대표자
1차	18세기 후반 ~ 19세기 전반	• 수력과 증기기관을 이용한 기계제 대량생산 도입	영국/북미	토머스 페인, 토머스 스펜스
			유럽 대륙 저지대국 (Low Countries)	조제프 샤를리에
2차	19세기 말 ~ 20세기 초	• 세심한 분업에 입각한 대량생산 • 전기력을 사용하고 일괄 조립라인 도입	영국	버트런드 러셀, G. D. H. 콜, 데니스 밀너, 제임스 미드, 줄리엣 리스-윌리엄스
3차	1960 ~ 1990년대	• 전자공학과 IT기술 (반도체, 컴퓨터, 인터넷 등)을 이용한 생산 자동화	미국	밀턴 프리드먼, 제임스 토빈, 존 갤브레이스

장선에서 파악할 수 있으며, 최근 기본소득론이 이른바 '4차 산업혁명'에 따른 일자리 위기의 대책으로 선전되면서 인기를 얻고 있는 것은 우연이 아니다. 다음 절부터는 어떤 맥락에서 최초의 '기본' 논의가 떠올랐는지를 살펴볼 것이다.

'기본' 요구의 등장

논자에 따라 차이는 있지만 기본소득론의 기원은 고대 그리스까지 소급되기도 한다. 토머스 모어Thomas More, 1478~1535, 잉글랜드의 《유토피아》(1516)나 후안 루이스 비베스Juan Luis Vives,

1493~1540, 스페인/네덜란드의 《빈민구호론》(1525), 나중에 영국에서 시행된 일련의 구빈법(17세기부터 시행) 등에서 기본소득의 아이디어를 구성하는 요소들을 발견할 수도 있다. 그러나 이 단계까지는 일반적 의미의 빈민구제나 복지 정책과 구별되는 '기본' 본연의 특성이 아직은 명확하게 드러나진 않았다.

여기서 '기본' 본연의 특성이란 무엇일까? 오늘날의 기본소득 옹호론자들은 대체로 '무조건성'과 '보편성'을 꼽을 것이다. 그러니까 '공동체의 모든 구성원에게 정액의 소득 지급'이라는 생각을 담고 있어야 '기본'이다. 또한 '기본'은 모두를 위한 기본의 보장을 사회가 져야 할 의무로 간주한다는 점에서도 특징적이다. 이에 비해, 가난한 이들을 도와야 한다는 생각은 매우 오래된 것이지만, 대체로 그것은 개인의 미덕의 발로로 여겨졌을 뿐이다. 이렇게 분화된 '기본'론은 18세기 말엽부터 유럽과 북미에서 동시다발적으로 발생하기 시작했으며,[5] 이후 오늘에 이르기까지 명맥이 이어지고 있다.

토머스 페인Thomas Paine, 1737~1809은 '기본'을 본격적으로 다룬 최초의 논자들 가운데 하나다. 이미 그는 《상식Common Sense》 (1776)이나 《인간의 권리Rights of Men》(1791) 같은 저작을 통해 당대의 대표적인 진보 지식인으로 명망이 높았는데, 1797년에 내놓은 《농업 정의Agrarian Justice》라는 짧막한 팸플릿에서 근대적인 기본 급부의 원형을 제시했다. 그의 제안은 간단하다. 21세가 된 모든 시민에게 정액(15파운드)의 현금을 지급하자는 것이다. 그런데 무슨 돈으로? 페인에 따르면, 토지는 인류 전체의 공통자산이므로 거기에서 나오는 가치는 비록 그 대부분이 개인에게 속한다고 해도 적어도 일부는 공동체 구성원 모두에게 동등하게 분배되어야 한다. 이를 공동체가 거둬들여 시민들에게 나눠주자는 것이다. 페인의 제안에는 50세에 도달하는 모든 시민에게 매년 10파운드의 연금을 죽을 때까지 지급하자는 내용도 포함되어 있다.

전국적 기금을 조성해, 21세에 도달한 모든 개인에게 15파운드의 금액을 지급한다. 이는 토지재산 제도의 도입에 따른 그의 자연적 상속권 상실에 대한 부분적인 보상이다. 또한 지금 살아 있는 나이가 50세인 모든 개인, 그리고 다른 모든 이들도 그 나이에 도달하면, 살아 있는 동안 연간 10파운드의 금액을 받을 것이다.[6]

영국의 급진주의자 토머스 스펜스Thomas Spence, 1750~1814는 페인의 팸플릿이 나오자마자 《영아의 권리The Rights of Infants》(1797)를 출간해 날카로운 반론을 제기했다. 페인의 주장이 너무 온건하다는 이유에서였다. 스펜스는 페인에 비하면 무명에 가까웠지만, 토지개혁에 대한 입장은 페인보다 훨씬 급진적이었다. 페인이 지대의 일부만을 걷어서 특정 연령대 시민에게 일회성으로 나눠주자고 한 데 비해 스펜스는 모든 토지는 성·나이와 관계없이 모든 거주자를 주주로 하는 주식회사 형태로 지역의 자치공동체(교구)에 의해 소유되는 게 마땅하며,

토지에서 나오는 지대로 정부의 비용을 충당하는 한편 남는 금액은 모든 거주자에게 똑같이 분기마다 분배해야 한다고 주장했다.

페인과 스펜스의 현실 인식과 문제 해법은 근본적으로 비슷하다. 그들이 자신의 주장을 정당화하는 근거도 별반 다르지 않다. 다만 스펜스의 제안은 정기성을 내포한다는 점에서 기본소득이라고 해도 좋겠지만 특정 연령에 도달한 시민에게 일회성의 현금을 지급한다는 페인의 생각은 요즘 식으로 말하면 기본자산basic capital론에 가깝다. 이러한 기본소득과 기본자산은 오늘날에도 서로 경합하는 모습을 볼 수 있는데,[7] 그러한 관계가 이미 18세기 말부터 맺어졌다는 게 흥미롭다. 그런데 나중에 서술하겠지만, 이러한 대립은 '기본' 제안의 아주 중요한 성격 한 가지를 내포한다.

페인과 스펜스 이후에 기본소득 또는 기본자산이라고 부를 만한 제안들이 대서양을 사이에 둔 두 대륙 곳곳에서 터져 나왔다. 미국의 급진 사상가이자 단명했던 노동자당Working Men's Party의 지도자이기도 했던 토머스 스키드모어Thomas Skidmore, 1790~1832는 해마다 죽은 이의 재산을 그해에 성인이 된 모든 개인에게 똑같이 나눠주자는 급진적인 주장을 내놓았고(1829), 19세기 중엽 벨기에와 네덜란드를 중심으로 발달한 자유주의-사회주의 성향의 논자들도 비록 대부분 널리 알려지지는 않았지만 다양한 형태의 기본소득 또는 기본자산 안案을 가지고 있었다. 기본소득에 좀 더 가까운 제안으로는, 벨기에

1부. 기본소득의 과거: 세 번의 전투, 세 번의 패배

출신의 저술가 조제프 샤를리에Joseph Charlier, 1816~1896가 내놓은 '보장된 최소치guaranteed minimum'라는 개념이 있다. 이는 샤를 푸리에Charles Fourier, 1772~1837의 초기 사상에 깔려 있던 '사회적 최소치' 개념을 발전시킨 것으로서, 샤를리에는 삶의 '절대적 필요'를 충족하는 데 필요한 '보장된 최소치'의 소득을 모든 사회 구성원에게 매월 또는 매 분기 지급해야 한다고 주장함으로써 오늘날의 기본소득론에 매우 가까운 사례를 제공했다.

첫 번째 전투: 자본주의의 성립과 '기본'

앞서 설명한 대로, 애초 산업혁명이란 고유명사에 가까웠다. 여러 번이 아니라 한 번 있었던, 근대 자본주의의 본격적인 시작을 알리는 '사건'이었다. 그것은 18세기 중반 영국에서 시작되어 처음에는 서부 유럽과 북미로, 그다음엔 세계 각지로 전파된 것으로 여겨진다. 그러니 서유럽과 북미를 지리적 범위로 하면 대체로 1760~1840년 사이를 산업혁명 기간이라고 볼 수 있다. 그러면 이 시기, 이 지역에서 무슨 일이 벌어졌는가?

산업혁명이란 새로운 기술, 그리고 사람과 도구를 조직하는 새로운 방식이 생산에 광범위하게 응용되면서 경제의 생산력이 비약적으로 상승한 것을 일컫는다. 저 생산력은, 대체로 현장에서 잔뼈가 굵은 엔지니어들이 발명한 새로운 기술(증기기관과 각종 기계장치)과 분업을 통해 조직된 대량의 노동력이 결합해 발휘되었다. 흔히 산업혁명은 폭주하는 기관차에 비유되면서 거침없는 '건설'과 '성장'의 과정으로 묘사된다. 증기기관차는 그 자체로 산업혁명의 대표적 산물이면서도, 1830년에 맨체스터-리버풀 구간을 달리기 시작한 이후엔 산업혁명의 엔진과도 같은 역할을 수행했다.

그러나 산업혁명 이전에도 '삶'은 있었다. 산업혁명은 기존의 삶의 방식, 생산의 방식이 새로운 방식에 의해 대체됨을 의미한다. 이러한 대체 과정이 평화롭기만 했을 리 없다. 그것은 차라리 폭력적이었고, 그래서 산업혁명은 '파괴'의 과정이기도 했다. 근대 산업화의 가장 맹렬한 비판자인 마르크스가 보기에 산업화는 자신의 몸뚱이 외에는 가진 게 없는 대규모 무산자 집단의 형성에서 시작된다.[8] 이들은 자신과 가족을 위한 최소한의 생존수단을 확보하기 위해서라도 자본가에게 의탁하지 않으면 안 되었다. 자본가에게만 종속되는 게 아니다. 생산의 규모가 커지고 점차 거대한 기계장치가 생산에 사용됨에 따라, 그들은 이제 기계에 부착된 대규모 인간 부속품이 될 참이었다. 산업화 이전만 해도 그들은 상당 정도로 자급자족적 성격을 갖는 농민이었을 것이다. 따라서 그들이 근대적인 프롤레타리아트로 집단적으로 전락하려면 무엇보다 자신들의 삶과 생산의 기반인 토지로부터 한꺼번에, 그리고 폭력적으로 떨어져 나와야만 했다(예: 인클로저).

페인과 스펜스가 기본자산 및 기본소득 주장을 거의 동시에 내놓은 것은 바로 이러한 배경에서였다. 산업혁명 과정에서 경제와 사회가 격변에 휩싸였고, 그 결과 대다수 대중의 삶이 위태로워졌다. 이렇게 자신의 생산과 삶의 기반, 안정된 소득 획득의 기반을 잃은 사람들이 즉각적으로 내놓을 수 있는 요구가 바로 '기본을 보장하라!'였고, 페인과 스펜스의 '기본' 주장은 그러한 기층의 요구를 반영한 것이다.

'기본' 주장의 즉자성, 그리고 보수성과 발본성

여기서 보듯, '기본' 요구는 단순하고 즉자적이다. 그것은 강점이기도 하고 약점이기도 하다. 단순하기에 많은 이들에게 쉽게 다가가고 강력한 호소력을 발휘할 수 있지만, 다양한 이해관계가 얽혀 커다란 난맥을 이루는 오늘날의 사회 모순에 대한 대응책이라기에는 조금 부족하다. 이에 대해서는 나중에 다루기로 하자. 지금 논하고자 하는 것은, 그러한 즉자성卽自性, immediacy이 두 가지 상반되지만 흥미로운 성격을 '기본' 요구에 부여한다는 점이다. 그 둘은 보수성과 발본성이다.

첫째, '기본' 주장은 보수적인 성격을 갖는다. 자, 산업혁명은 파괴의 과정이자 건설의 과정이라고 했다. 기존의 삶의 방식은 파괴되지만 그 폐허 위에 새로운 방식이 건설된다. 그렇다면 파괴가 막 진행되고 있을 때, '기본'을 보장하는 데는 두 가지 방향이 있을 것이다. 과거의 방식을 복원하자고 주장할 수도 있지만 앞으로 도래할 세상에 맞는 새로운 방식을 요구할 수도 있으니 말이다. 어느 쪽이 바람직할까? 후자다. 세상이 말 그대로 그쪽으로 움직이고 있으니까. 그러면 어느 쪽이 쉬울까? 전자다. 세상의 움직임을 가늠하는 것도 어렵지만, 그에 맞게 진취적이면서도 진보적인 요구를 내세우는 것은 더 어렵다. 아무래도 사람은 익숙한 방식을 좋아하기도 하니까.

페인의 선택은? 전자였다. 그는 해마다 성년이 되는 모든 사회 구성원에게 15파운드를 지급하자고 주장했다. 왜 페인은 정기적인 '소득'이 아닌 일회성의 '자산' 지급을 요구했는가? 빠르게 위력을 더해가는 자본주의의 모순에 정면으로 맞서기보단 과거의 자급자족적인 삶으로 돌아가고자 하는 바람을 그로부터 읽어내기란 어렵지 않다. 18세기 말엽에 15파운드면 결코 적지 않은 금액이었다. 인클로저 때문이든 토지생산성 증대 때문이든 자신의 의사와 무관하게 토지로부터 강제로 떨어져 나온 대중에게 15파운드만 쥐여주면, 그들은 다시 땅으로 돌아가 종전과 같이 농사를 지을 수 있을 것이다. 이를 토대로 자신과 가족의 생계를 꾸려나갈 수 있을 것이다. 《농업 정의》에서 페인은 자신이 이와 같이 제안한 의미를 다음과 같이 설명한다. "젊은 커플이 세상에 첫발을 디딜 때, 그들이 아무것도 가지고 있지 않느냐 아니면 각자 15파운드씩을 가지고 있느냐는 매우 큰 차이가 있다. 이 정도 돈이면, 그들은 소 한 마리를 사서 몇 에이커의 땅을 일구며 살아갈 수 있을 것이다."9 페인뿐만이 아니다. 노동자 출신인 스키드모어조차도 기본자산을 주장한 것을 보면, 당시 대중에게 과거로의 향수가 얼마나 강력했는지를 짐작할 수 있다. 당시 노동자는 '계급'으로 명확히 구성되지도 않았고, 노동자 중에는 어쩔 수 없이 도시로 내몰린 경우도 많았을 것이다.

이상의 논의는 토머스 페인 이후 자산보다는 소득에 대한 요구가 커진 이유를 이해하는 데 도움이 된다. 사실 자급자족적 사회에서는 '소득'이라는 범주가 중요하게 등장하지 않는다. 오늘날 생산·분배·소비를 일컬어 자본주의 경제를 구성하는 세 측면이라고 하는 것은 상식이다. 누구든 일정한 자격으로 생산에 참여하면, 그 반대급부로 일정한 소득을 분배받고, 이러한 소득으로 각자 필요한 물품을 소비한다. 생산-분배-소비의 사이클이 반복되면서 인간의 삶도, 그리고 경제 전체도 재생산된다. 그런데 자본주의 이전의 자급자족적인 경제에서는 '(소득)분배'의 매개 없이 생산이 곧장 소비로 이어진다. 자본주의 이전까지 경제는 대체로 이런 형태였다. 〈그림 1-2〉는 자본주의 확립 전후의 차이를 보여준다. 물론 자본주의 이전에도 시장경제가 어느 정도는 발달해 있었고, 사람들은 자신들이 생산한 것을 시장에 팔기도 했고 그렇게 해서 획득한 화폐로 필요한 물품을 (역시 시장에서) 구매하기도 했다. 하지만 여전히 개인의 경제적 재생산의 핵심 기반은 자가 생산이었으며, 페인이 기본자산 주장을 통해 모든 사람에게 보장해주고자 했던 것도 바로 그러한 자가 생산의 기반이다.

다른 한편, '기본' 주장의 즉자성은 그것에 발본적拔本的.

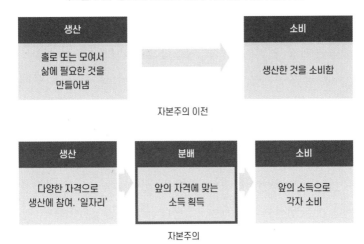

〈그림 1-2〉 경제의 재생산: 자본주의 이전 vs 자본주의

생산		소비
홀로 또는 모여서 삶에 필요한 것을 만들어냄		생산한 것을 소비함

자본주의 이전

생산	분배	소비
다양한 자격으로 생산에 참여. '일자리'	앞의 자격에 맞는 소득 획득	앞의 소득으로 각자 소비

자본주의

radical 성격을 부여하기도 한다. 이는 특히 초기의 논자들에게서 두드러지지만, 발본성은 오늘날의 '기본' 논의에서도 대체로 유지된다는 점에서 현재성을 갖는다.

'기본' 주장의 발본성은 논자들이 자신의 주장을 정당화하는 방식에서부터 드러난다. 단적으로 말하면 이렇다. 그들은 가난한 이들이 불쌍하기 때문에 그들을 도와야 한다고 말하지 않는다. 일정한 자산 또는 소득을 보장받는 것을 그들의 권리라고 말한다. 논자들이 기본 보장에 필요한 재원(마련)에 대해 취하는 태도를 살펴보자. 토머스 페인은 지대를 기본자산 지급을 위한 재원으로 삼자고 주장했다. 지대란 토지의 사용자가 그 소유자에게 지불하는 토지 사용의 대가다. 이 지대의 일부를 거둬들여 일정한 기금을 조성하고, 그로부터 매년 성년에 이른 시민에게 15파운드의 현금을 지급하자는 게 페인의 생각이었다. 그리고 그는 이러한 급부를 자선이 아닌 권리로 보았다. 왜 그럴까? 페인의 생각을 자세히 풀어보자.

현실적으로 토지는 소수의 귀족과 부자에게 사유화되어 있지만 페인이 보기에 본질상 그것은 인류 전체의 공통자산 common property이다. 특히 태어나면서부터 모든 인간은 경작되지 않은, 자연 그대로의 토지에 대한 권리를 동등하게 갖는다. 그리하여 자연 상태의 토지가 스스로 생산하는 산물(예: 자생적으로 열린 산딸기)도 인간 모두에게 똑같이 속한다고 할 수 있다. 문제는 토지가 자연 상태에 머물러 있지 않고 인간에 의해 개량된다는 것이다. 개량은 토지의 생산력을 높인다는 점에서 필요한 일이지만, 개량된 토지 및 그 산물의 소유권이라는 까다로운 문제를 동시에 제기한다. 단순하게는, 개량된 토지는 개량을 직접 행한 이들에게 속하는 것으로 봐도 좋을 것이며, 이렇게 자연 상태의 토지가 인간에 의해 개량되면서 토지의 사유재산으로의 전환이 진전되었다고 이해할 수도 있겠다.[10] 그러나 어떤 토지가 아무리 많이 개량되었다고 해도 그 가치에는 미개간 상태에서부터 존재했던 본연의 가치 부분과 개량을 통해 새로 추가된 가치 부분이 섞여 있다고 해야 하지 않겠는가? 그러므로 엄밀히 말하면, 개량된 토지 중에서 개량자의 사유재산으로 들어갈 수 있는 부분은 오직 후자뿐이고,[11] 전자는 여전히 인류 공통의 몫이라고 해야 하지 않겠는가? 이런 구분은 지대에 대해서도 행해질 수 있다. 요컨대 지대 중에서 토지 본연의 가치에 대응하는 부분은 토지의 법적 소유자가 아니라 공동체 구성원 모두에게 돌아가야 마땅하다는 얘기다. 그리하여 이를테면 이 부분을 토지소유자로부터 회수해 공적 기금에 넣을 수 있을 것이다. 바로 이 기금으로부터 매년 성년이 되는 시민에게 일정액을 지급한다면, 그것은 누구의 자선도 아니며 공동체 구성원 모두가 동등하게 갖는 '권리'가 행사된 결과일 따름이다.

자본주의의 확립, 그리고 '기본'의 패배

페인과 그를 비판했던 스펜스로부터 시작하는 1세대 '기본'론의 즉자성, 그리고 그로부터 파생되는 보수성과 발본성을 어떻게 이해해야 할까? 통상적으로 보수성과 발본성은 상반되는 것으로 여겨지고, 그래서 이 두 성격을 동시에 지닌다는 게 이상하게 보일 수도 있다. 그러나 둘 모두 '기본'의 과거 지향적 성격을 반영한다고 하면 이해 못 할 것도 아니다. 당시는 첫 번째 산업혁명이 한창이었고, 사회관계의 심대한 변화 앞에서 사람이 움츠러드는 것은 자연스러운 반응이기도 하다.

그렇다면, 자본주의 체제가 더욱 공고하게 자리를 잡아감에 따라 '기본' 주장도 단순한 과거로의 회귀가 아닌, 즉 체제의 작동 메커니즘과 결부되는 방식으로 발전하지 않았을까? 그렇기도 하고 아니기도 하다. 19세기 초반까지 대서양

양안 곳곳에서 터져 나오곤 했던 '기본' 주장은 한동안 시들했다가 19세기 중반 북프랑스·벨기에·네덜란드에서 다시금 인기를 얻었다. 이 지역은 영국을 중심으로 발생한 근대적 산업화가 처음으로 이식된 후발 산업화 지역이다. 후발주자이므로 선발주자의 자취를 따라갔지만, 그래도 상당한 시차가 있었으니 뭐가 달라도 달랐다. 페인, 스펜스 등 초기 논자들은 선량하기만 한 사람들이 하루아침에 삶의 기반을 상실하고 떠돌다 죽어가는 것을 속절없이 지켜봐야만 했을 것이다. 그러나 반세기 뒤 북프랑스와 벨기에, 네덜란드 등 저지대 나라들Low Countries의 자유주의-사회주의 성향의 논자들에겐 저 선량한 사람들을 집어삼킬 새로운 괴물의 실체가 이미 분명해져 있었다. 그 괴물이란 급속한 산업화와 도시화, 그러니까 산업자본주의가 낳은 새로운 문제인 장시간 노동과 살인적인 노동환경, 저임금, 빈곤, 열악한 공중보건, 아동·여성노동, 실업 등이었다. 이러한 환경 변화에 대한 인식은, 19세기 중반 북프랑스, 벨기에, 네덜란드에서 '기본자산'보다는 '기본소득' 요구가 두드러졌던 데서 잘 드러난다. 자본주의적 생산관계, 곧 자본-임노동 관계가 일반화하고 있었고, 이에 따라 정기적인(대개 주 또는 월 단위의) 소득 획득의 중요성이 점차 커졌다.

하지만 19세기 중반 플랑드르 지역의 논자들도 그들 나름의 즉자성과 보수성을 보여주고 있다. 근대 자본주의 발달에 대한 냉정한 관찰보다는 종교(기독교)적 교의에 기대 자신들의 정당성을 주장하고자 했기 때문이다. 그런데 이 시기에 와서 보수성은 색다른 의미를 갖게 된다. 앞 시대 '기본' 주장의 보수성은 말 그대로 기존의 것을 지키고자 하는 성향을 의미할 뿐이었다. 하지만 이번엔 그러한 성향을 가진 사람들이 하나의 사회 세력을 구성하고 자신의 생각대로 사회를 재구성하고자 하고 있으므로, 19세기 중반 플랑드르의 '기본'론은 우리가 흔히 말하는 정치적 보수주의를 구성한다. 1848년 마르크스와 엥겔스가 《공산당 선언》을 쓸 때 염두에 두었던 중요한 목적 가운데 하나는 당대 서유럽 진보 진영에 만연했던 이와 같은 경향을 비판하고 이들을 노동운동에서 몰아내는 것이었다.[12]

기본소득론자들의 주장대로 자본주의 발달 과정에서 삶의 기반이 파괴된 것은 명백하다. 하지만 그것이 역사적으로 끊임없이 재구축된 것도 사실이다. 어떻게 재구축되었는가? 임노동 체제의 점차적 확립이라는 형태로 재구성되었다. 19세기 내내, 그리고 20세기를 거쳐 지금에 이르기까지 임노동 체제는 서유럽과 북미를 거쳐, 그리고 자본주의 체제의 범지구적 확산에 따라 세계 각국에서 빠르게 자리를 잡았다. 임노동 체제 안에서 인민대중은 나름대로 안정적으로 소득을 확보할 수 있었고 노동자들은 스스로 조직해 자본가에 대항함으로써 자신들의 소득 기반을 더욱 공고히 해나갔다. 기본소득 실험의 긍정적인 사례가 대체로 아직 자본주의와 시장경제, 임노동 체제가 확립되지 않은 후후발국(나미비아나 인도의 일부 지역)에서 보고되는 것은 결코 우연이 아니다. 역설적이게도 자본주의 체제에서는 임금이야말로 '기본소득'이었던 셈이었고, '기본' 주장이 그 첫 번째 전투에서 패배했다고 하는 것은 바로 그런 의미에서다.

맺음말: 지나치게 단순하고 보수적인

이번 장에서는 오늘날 기본소득의 원형이 되는 18세기 말부터 약 50여 년 동안 서유럽과 북미대륙에서 제기된 '기본' 주장들을 살펴보았다. 우리는 이러한 주장들이 서유럽에서 오랜 기간 유지된 농업 기반의 사회가 해체되고 그 위에 산업자본주의가 형성되던 격변의 시기에 제출되었다는 점에 착목했고, 자본주의 확립 이후에도 경제가 격변에 휩싸일 때마다 반복해서 제기되었다는 점에서 하나의 '흐름'을 형성하는 것으로 간주했다.

이와 같은 '기본' 주장은 사회 구성원 모두를 위한 기본의 보장이 사회의 의무라고 주장한다는 점에서 기존의 기독교적 자선charity론 따위와 차별화되고, 역사의 결정적인 진보를 담고 있다(이 주제는 뒤에서 더 상세히 다루고자 한다). 그러나 아쉽게도 '기본' 주장은 그러한 진보성을 감당하기에는 지나치게 단순하고, 나아가 발본적이지만 보수적인 성격도 지닌다. 물론 보수적인 주장도 그 자체로 충분히 가치가 있지만, 경제와 사회가 요동치는 시기에 변화를 선도하는 역할을 하기에는 적합하지 않다. 이는 '기본'의 중요한 패인이기도 하다.

'기본' 주장의 발본성에 점수를 주고자 하는 사람들도 많을 것이다. 어떤 정치사회적 주장의 발본성은 곧잘 진보성과 연결되기도 하지만, 반대로 지나친 발본성은 시대착오적이기도 하다. 토머스 페인의 시대에 지대를 거둬들여 공적으로 쓰자는 주장은 상당한 현실성을 가졌을 것이다. 지금은 어떨까? 이 질문에 대한 답은 이후 장들에서 주어질 것이다.

이 장을 마치기 전에 한 가지 덧붙일 것이 있다. 지금 우리는 오늘날의 기본소득론을 이해하기 위해 그 근간이 되는 아이디어의 역사를 살피고 있다. 경제와 사회가 격변에 휩싸일 때 '기본을 보장하라!'라는 요구가 부상하고, 그에 부응하는 제안들을 우리는 '기본'이라고 부르고 있다. 그런데 기본을 보장하는 데는 '기본'의 방식만 있는 것은 아니다. 이번 장과 이후의 두 장에서 보듯, 실제 역사에서는 '기본'이 제안하는 것과는 다른 방식이 채택되어왔다.

2장

두 번째 전투:
자본주의 변모와 기본소득

18세기 말 '기본'론의 출현은 당시 본격적으로 형성되고 있던 자본주의라는 괴물에 대한 최초의 저항 가운데 하나라는 점에서 중요한 의미가 있다. 그러나 이 주장이 비슷한 시기에 출현했던 다른 대안들에 비해 더 많은 지지를 받았다거나 현실의 발달 추이를 바꿀 정도로 강력했다고 보기는 어려울 것 같다. 이를테면 협동조합 설립을 통해 자립적 경제를 구축하려는 노력이나 노동자들이 노동조합—나아가 정당—을 결성하고 이를 중심으로 노동환경 개선과 임금 인상을 꾀했던 것과 비교해보라.

　　자본주의에 저항하는 여러 운동 중에서 '기본' 주장은 대중의 삶의 안정성을 다분히 과거 지향적인 방식으로 회복시키고자 했지만, 실제로 자본주의 아래서 그러한 안정성은 임노동의 보편화를 통해 달성되었다. 즉 그것은 '회복'보다는 '재구성'에 가까웠다. 앞 장에서는 이를 두고 '기본'의 패배라고 판정했다. 하지만 임노동의 보편화도 결코 순조롭지 않았다. 그것은 지난한 과정이었고, 그 보편성도 결코 완결적이지 못했다. 사람들이 임노동 체제에 편입된 정도도 제각각이어서, 이 체제에서 완전히 배제되어 빈곤의 나락으로 떨어지는 사람들이 있었는가 하면 자본주의 특유의 불완전고용 underemployment 상태에 놓인 사람들도 많았다. 그나마 경제가 성장하는 동안엔 이러한 결함이 어느 정도 감춰질 수 있었다. 그러나 경제가 주기적인 공황에 빠질 때, 나아가 장기 구조적인 차원에서 성장 동력을 소진해 오로지 새로운 산업혁명을 통해서만 회복될 수 있는 이례적인 불황 국면에 들어서게 되면, 다시금 '기본'의 문제의식이 대중 사이에서 고개를 들었고, 그에 대해 자본주의 체제는 일정한 '해법'을 내놓지 않으면 안 되었다.

두 번째 산업혁명과 그 결과

19세기 중반, 자본주의는 이미 (일국이 아닌) 세계적 차원의 경제 체제로 발전해 있었다. '자유방임주의'를 기치로 내걸고―실제로 그것은 '강자의 자유'였을 뿐이지만―겁 없이 자신의 영역을 넓혀나가던 이 괴물은 1873년의 세계 대공황과 그 뒤 20년 넘게 지속된 대불황이라는 암초에 걸려 주춤하게 된다. 자본주의 경제의 역사에서 '당대에 불황이라고 불린' 첫 번째 사례(폴 크루그먼, 1장 참조)가 발생한 것이다.

1873년의 공황은 빈과 뉴욕에서 은행과 증권거래소 파산으로 시작되었지만, 그것은 단순히 금융만의 문제는 아니었다. 첫 번째 산업혁명 이후 자본주의는 빠르게 몸집을 키워 왔다. 생산의 기계화와 대규모화가 처음에는 면직물업의 가치사슬(조면-방적-방직 등)을 중심으로, 그리고 다른 생산 분야로 확산되었다. 도시로 몰려드는 노동자와 그 가족에게 필요한 다양한 생활용품들이 산업생산의 영역으로 흡수되었고, 기계 제작을 위해 제철공업이 발달했으며, 증기기관의 응용범위도 넓어져 증기선과 증기기관차가 상용화되었다. 특히

1830년에 첫 번째 증기기관 열차가 맨체스터-리버풀 구간을 달리기 시작한 이래 세계적으로 불어닥친 철도 건설 붐은 자본주의 생산의 리듬, 도시와 농촌의 풍경, 사람들의 삶의 방식을 완전히 뒤바꿔놓을 정도였다. 철도 건설 자체가 하나의 커다란 산업이었을 뿐 아니라, 철도를 중심으로 한 교통·통신의 발달 덕택에 전국적 시장이 형성되었고, 이를 배경으로 개별 기업이 성장할 수 있는 한계도 크게 확대되었다.

이러한 낙관적인 분위기에서 금융시장으로 돈이 몰려들었던 것은 당연하다. 그러나 이 자금이 산업에 의해 온전히 생산적으로 흡수되지 못했다는 게 문제였다. 첫 번째 산업혁명을 가능케 했고 또 그것을 통해 구성된 일정한 기술적·제도적 조건이 그 동력을 소진하고 있었기 때문이다. 1870년대에 이르자 한계가 분명해졌다. 이를테면, 철도의 잠재력은 무궁무진해 보였지만, 당시의 주된 기업형태나 금융제도로는 그 잠재력을 폭발시키기 어려웠다. 이런 현실의 제약 아래서 금융시장의 자금은 산업에 적절히 주입되지 못했고, 결과적으로 금융시장 안에 머물면서 투기적 성격을 띠게 되었으며, 마침내 1873년에 세계적 차원의 대공황 발발에 이른 것이다.

그러니까 지금 필요한 것은 새로운 산업혁명이었다. 결과적으로 놓고 보면, 증기력이 아니라 전기력을 기반으로 한 철강, 화학, 기계 등 자본집약적 중화학공업이 본격적으로 발달해야 했고, 이를 위해서는 대대적인 경제의 '판갈이'가 필요했다. 제도적으로는, 유한책임제도나 주식시장 등 현대적인 대기업이 발달하기 위한 조건들이 마련되어야 했으며, 그러한 대기업에 상응하는 대규모 노동력, 그리고 대기업의 활동을 지원하는 다양한 조직(법률, 금융, 회계 등)이 자리하고 노동자들이 일상을 영위할 수 있는 대도시가 발달해야 했다. 끝으로, 이 모든 상황 변화에 맞게 국가의 경제적 역할과 기능도 조정될 필요가 있었다. 물론 이러한 과정은 단기간에 이루어질 수도 없거니와 앞의 산업혁명에서와 마찬가지로 많은 사람의 삶의 기반을 뒤흔드는 대격변을 동반할 것이었다.

결과만 놓고 본다면 두 번째 산업혁명의 성과는 어마어마했다. 무엇보다 과학기술의 발달이 생산에 꾸준히 응용된 결과 전기, 화학, 철강, 석유 등을 중심으로 산업 전반이 재편되었다. 이들 각각은 그 자체로 커다란 산업이기도 했지만, 그 전·후방으로 새로운 산업의 발달을 자극했다. 각종 발견·발명이 생산을 자극하기도 했는데, 일례로 축음기와 라디오, 영화 등의 발명 덕분에 새로운 엔터테인먼트 산업이 발달할 수 있는 기반이 닦인 것도 이 시기다. 이렇게 삶의 구석구석이 자본에 의한 생산의 영역으로 편입되었고, 거기에서 나온 생산물들이 적절하게 소비되려면 보통의 노동자들도 상당한 구매력을 지닌 소비 집단으로 거듭나야만 했다.

둘째, 자본주의 체제가 좀 더 다극화되었다는 것도 두 번째 산업혁명의 중요한 결과다. 영국이 여전히 선두에 있었지만 독일이나 프랑스, 미국 등이 빠르게 그 뒤를 쫓았다. 특히 미국의 성장이 인상적이었는데, 세계 자본주의의 중심축이 영국 및 서유럽에서 미국으로 이동하기 시작한 건 이 시기부터였다. 단적으로 말해, 토머스 에디슨Thomas Edison, 1847~1931, 니콜라 테슬라Nikola Tesla, 1856~1943, 조지 웨스팅하우스George Westinghouse, 1846~1914 등에 의해 전기가 본격적으로 이용될 수 있는 기반이 닦였고 프레더릭 테일러Frederick Taylor, 1856~1915가 고안한 '과학적 관리법'은 새로운 대량생산-대량고용 시대에 맞는 노동과정 관리의 표준이 되었는데, 이들 모두가 미국에서 활동하고 있었다.

셋째, 자본주의의 세계적 확장이 제국주의의 형태로 진행되었다. 자본주의 체제의 가장 앞에 있던 서유럽·북미의 주요국들에서는 1870년대부터 자본의 대기업화와 독점화가 경쟁적으로 이루어졌고, 국가는 이 과정을 적극적으로 지원하면서 스스로 자신의 경제적 역할을 재정의해나갔다. 이렇게 해서 탄생한 것이 저 유명한 제국주의imperialism였다. 보통 제국주의라고 하면 한 나라가 다른 나라들을 침략·정복함으로써 영토를 확장하는 정책을 일컫지만, 고대(예: 로마제국)와 달리 현대(예: 대영제국)의 제국주의에서는 영토 확장 자체보다는 돈벌이가 주목적이었다. 즉 침략을 통해 확보된 식민지들을 본국과 하나의 경제권으로 묶고, 그 안에서 자국 자본의 안정적이고 수익성 높은 활동을 보장하는 식이었다. 그러니까 독점화된 자본과 국가의 유착 체제가 현대의 제국주의였다.

바로 그러한 제국주의를 모든 강대국이 추구했다. 그 결과는? 충돌이다. 제국주의에서 식민지 확보는 절대적 중요성을 지녔지만, 열강들이 자신의 영역을 확장해나가다 보면 반드시 어딘가에서 서로 맞닥뜨리지 않을 수 없었다. 로자 룩셈부르크Rosa Luxemburg, 1871~1919나 니콜라이 부하린Nikolai Bukharin, 1888~1938 같은 당대의 마르크스주의 이론가들은 '자본주의 경제의 전반적인 수익성 악화→외부로의 확장(제국주의)→열강 간의 필연적인 충돌'이라는 틀로 세기 전환기의 세계를 설명하곤 했는데, 실제로 그들의 예측대로 1914년에 유례없는 규모의 세계대전이 발발했다. 그러니 오늘의 시점에서 보면 19세기 말과 20세기 초에 자본주의는 하나의 단계에서 다음 단계로 이행하고 있었다고 쉽게 말할 수 있지만, 당대를 사는 사람들에게는 모든 것이 인류 멸망의 징조로 보였다고 해도 지나치지 않을 것이다.

'기본', 다시 등장하다

20세기 초반 영국에서 '기본'에 대한 대중적 요구가 다시금 분출한 것은 이런 배경에서였다. 전에는 보지 못했던 규모의 공업 설비들을 기반으로 자본은 살을 찌워갔지만 인간의 삶은 조금도 나아지지 않았고, 동족을 서로 죽이는 전쟁을 겪으며 인간성에 대한 회의는 극에 달했다. 도버해협 건너편 대륙의 앞 세대 논자들이 규탄해 마지않던 자본주의의 폐해들은 날로 심각해졌고, 세기 전환기가 되었을 때는 꼭 마르크스주의자가 아니더라도 자본주의가 더는 지속되기 어려운 게 아니냐는 회의를 갖는 것이 전혀 이상한 일이 아닌 지경에까지 이르렀다. 실제로 러시아에서 공산주의 혁명의 성공은 자본주의 극복이 현실이 될 수 있음을 입증하는 듯했고, 이것이 서유럽에 끼친 지적·실천적 충격은 실로 엄청났다.

더구나 영국은 이제 더는 세계의 중심이 아니었다. 독일이나 미국이 빠른 속도로 경제의 성장을 일구어가는 동안, 선발국이었던 영국은 자본주의의 다양한 병폐와 더 힘겹게 싸우고 있었다. 대중들에게 자본주의 모순의 '끝판왕'은 '실업 unemployment'이었다. 지금이야 너무나도 일반화된 문제라 대수롭지 않게 생각할 사람들이 많겠지만, 자본주의가 본격화된 이후 종전에 알던 것과는 전혀 다른 종류의 실업이 출현했다. 보통 실업은 개인적인 문제였으나, 이제 그것은 거의 언제나 구조적 문제를 가리킨다. 그래서 그 원인도 게으름 같은 개인의 성격에서 구하는 게 아니라 경제구조에서 구하는 게 보통이다. 이와 같은 의미의 실업, 곧 구조적 실업은 전적으로 자본주의 발전의 산물이다. 영어권에서 일하지 않고 있는 상태를 일컫는 'unemployed' 따위의 단어는 꽤 오래 쓰였던 반면 명확한 개념어로서의 'unemployment'는 19세기 말에 와서야 널리 쓰이게 되었다. 존 메이너드 케인스John Maynard Keynes, 1883~1946로 하여금 경제학에 혁명을 이룬 주저 《일반이론General Theory》(1936)을 쓰게 만든 계기도 결국 극심한 실업이었다. 20세기 초반 영국에서 국가상여금, 사회신용, 사회적 배당금과 같은 '기본' 제안들이 봇물을 이룬 배경에는, 이렇게 자본주의의 존폐를 가를 정도로 심각한 모순들이 발달하고 있었다.

가장 먼저 포문을 연 사람은 당대 영국을 대표하는 지식인 버트런드 러셀Bertrand Russell, 1872~1970이었다. 수학자이자 철학자, 그리고 열정적인 사회운동가로서 그는 이미 당대에도 이름이 높았다. 그는 미국에서만 출간된 1917년 저작《정치적 이상Political Ideals》에서 삶에 필요한 최소한의 소득이 보장되어야 함을 역설한 데 이어, 이듬해 내놓은《자유로의 길: 사회주의, 무정부주의, 생디칼리즘Roads to Freedom: Socialism, Anarchism and Syndicalism》에서는 예술가와 같이 그 자체로는 돈을 벌기는 어려워도 공동체에 의해 유용하다고 인정되는 노동에 종사하는 이들에게 '부랑자 임금vagabond's wage'을 국가가 지급해야 한다고 주장했다.

퀘이커교도였던 데니스 밀너Dennis Milner, 1892~1956와 그의 아내 메이블 밀너Mabel Milner, 1879~1957도 비슷한 시기에 비슷한 제안을 내놓았다. 데니스는 빈곤선을 정의한 것으로 유명한 시봄 라운트리Seebohm Rowntree가 요크에 세운 초콜릿 공장의 엔지니어였다. 밀너 부부는 제1차 세계대전 종전을 몇 개월 앞둔 1918년 6월에《국가상여금 계획: 사회문제 해결을 위한 합리적인 방법Scheme for a State Bonus. A Rational Method of Solving the Social Problem》이라는 16쪽짜리 팸플릿을 내놓은 데 이어, 동료 버트럼 피커드Bertram Pickard, 1892~1973와 함께 '국가상여금연맹State Bonus League'이라는 운동단체를 결성하기에 이른다. 이들에 따르면, 모든 인간은 '삶의 주된 필수품'에 대한 동등한 권리를 갖기 때문에 국가는 모든 영국인에게 태어날 때부터 생계수준의 급부를 매주 제공해야 한다. 위 책에서 밀너 부부가 제안한 것은 (전쟁 전 물가 기준으로) 주당 5실링이었다. 이들은 전쟁 기간에 국가가 군인 가족들에게 지급한 수당에서 영감을 받았는데, 그와 같은 수당이 노동자와 주부에게 독립적 지위를 부여하는 데도 도움이 될 것이라고 주장했다.

비슷한 시기에 클리퍼드 더글러스Clifford H. Douglas, 1879~1952라는 엔지니어가 당대 영국에서 경제적 산출에 비해 노동자의 소득이 적고 구매력이 낮다는 사실을 발견하고, 그 차액을 전 국민에게 배당의 형태로 나눠주어야 한다는 주장을 내놓았다. 더글러스가 '사회신용social credit'이라고 이름 붙인 이 제안에 찰스 마셜 해터슬리Charles Marshall Hattersley, 1892~1952가 동조하고 나섰다. 해터슬리는 《공동체 신용The Community's Credit》(1922) 같은 저작을 통해 모든 시민은 재정 상황이나 고용 여부와 무관하게 '공동체의 공통의 문화적 유산'의 동등한 몫을 가지며, 따라서 무조건적 기본소득의 권리를 갖는다고 주장했다. 당대 저명한 학자였던 옥스퍼드대학교의 G. D. H. 콜G. D. H. Cole, 1889~1959이나 자유주의 성향의 정치가 줄리엣 리스-윌리엄스Juliet Rhys-Williams, 1898~1964 등도 20세기 초반 '사회적 배당social dividend' 같은 '기본소득'과 유사한 제안을 내놓은 바 있다.

두 번째 전투: 자본주의 모순의 심화와 국가의 변모

18세기 말부터 약 50년간 대서양 양안 곳곳에서 터져 나왔던 '기본' 제안, 그리고 1910년대 말부터 약 사반세기 동안 영국을 중심으로 다시 분출된 '기본' 제안 사이엔 공통점도 있고 차이점도 있다. 앞에서 '기본' 제안의 특징으로 꼽았던 즉자성, 그리고 그로부터 유래하는 발본성과 보수성은 20세기에도 이어진다. 이를테면 여전히 '기본' 논자들은 눈앞에서 벌어지는 빈곤의 참상에 대한 도덕적 분개에서 출발한다는 점에서 즉자적이고, 그 해결의 실마리를 '태어나면서부터 인간이 갖는 권리'와 같은 개념에서 찾는다는 점에서 발본적이다.

대중의 일상적인 괴로움('힘들어 죽겠네!')에서 문제의 실마리를 찾는 것도 좋고, 그 해결책을 이 사회의 근간을 이루는 모순('저 건물에서 나오는 엄청난 임대료는 원래 당신 것이다!')에서 구하는 것도 좋다. 중요한 것은 이 둘을 '잘' 연결하는 것이며, 그 과정에서 현실의 복잡다단한 구조와 제도, 그리고 현실의 발달 추이와 방향이 면밀히 참조되지 않으면 안 된다. 이 과정이 부실한 이론은 회의주의 또는 보수주의에 빠지기 쉽다. 1장에서 보았듯이, 이전 시대 '기본' 논자들은 당시 형성 중이던 자본주의의 의의와 위력을 충분히 음미하지 못했다. 그들은 현실과 정면으로 대결하기보다는 평온했던 과거로의 회귀를 꿈꾸다가, 자신의 문제의식이 자본주의 발달에 따른 보편적 임노동 체제의 확립이라는 형태로 불완전하게나마 달성되는 역설적인 상황을 지켜봐야만 했다. 그렇게 그들은 패배했다.

　이제 자본주의 체제가 굳건히 자리를 잡은 상태에서, 다시금 대중의 삶의 안정성이 흔들리고 있다. 이번엔 '기본'은 무엇을 주장할 것인가? 자본주의가 확립되었으므로, 예전처럼 자본주의 이전으로 돌아가자고 하기는 어려울 것이다. 그러나 애초부터 '기본'에는 자본주의에 대한 문제의식, 즉 자본주의의 발달 추이를 참조하면서 자본주의 자체와 대결한다는 문제의식은 희박했다. 현실의 발달 추이에 휩쓸려가면서 '기본의 보장'만을 반복해 외칠 뿐이었다. 과거에 '기본' 논자들은 자본주의의 도래를 보지 못했다. 이번에는 국가, 그러니까 자본주의 경제 체제와 쌍을 이루는 근대 국가가 문제였다.

　국가란 무엇인가? 일찍이 마르크스와 엥겔스는 《공산당 선언》에서 국가란 부르주아지의 공동 사무를 관장하는 위원회일 뿐이라고 비꼬았다. 《공산당 선언》이 출간된 19세기 중엽에는 이 명제의 타당성에 의문을 제기할 수 있는 사람은 많지 않았을 것이다. 그러나 이후 경제가 복잡하게 발달하면서 국가가 떠맡아야 할 부르주아지의 공동 사무의 범위가 계속해서 커졌고, 자본주의 체제가 세계적 차원으로 발달하면서 적어도 한 나라 안의 프롤레타리아트와 부르주아지 사이에는 특정 사안을 두고서 이해관계가 일치하는 일도 종종 발생했다. 식민지 침략으로부터 얻는 경제적 이득 앞에서 제국주의 모국의 노동자가 자본가와 이해관계를 같이한 것은 대표적인 사례다. '노동 귀족'이라는 말이 나온 것도 이런 맥락에서였다. 이렇게 공적 영역이 점차 확대되는 동시에 공적 사무의 성격도 복잡해짐에 따라, 민주주의에 대한 대중의 요구가 빠르게 커졌다. 귀족과 부르주아지의 전유물이던 의회에 노동자의 대표가 들어가기도 했다. 이에 따라 국가의 성격도 변하지 않을 수 없었는데, 그 결과 정치적으로는 '공화국', 경제·사회적으로는 '복지국가'가 점차 일반적인 국가형태로 자리를 잡아갔다.

복지국가를 여러 측면에서 정의할 수 있겠지만, 이 글에선 근대 자본주의 형성에 대응한 국가의 (경제적) 역할 재구성이라는 관점에서 그것을 파악하고자 한다. 한편으로 국가는 '자본가들의 공동위원회'이기도 하지만, 동시에 대다수 인민의 이해관계를 구현해야 하는 근대적인 '공화국'이기도 하다. 이렇게 상충하는 의의를 갖는 국가는 그 자체로 하나의 (계급) 투쟁의 장이며, 우리가 아는 복지국가는 그러한 투쟁을 통해 형성된 역사적 결과물이다. 그러니 그 구체적인 모습이야 나라마다, 지역마다 천차만별이지만, 여기에는 꽤 보편적으로 공유되는 본질적인 성격과 기능이 있다. 경제와 사회의 안정적 재생산, 특히 임노동 관계의 안정적 재생산을 도모하는 것이 그것이다. 이 기능에는 임노동 체제에 불완전하게 편입되었거나 편입되지 못한 이들을 적정 수준에서 '관리'하는 것도 포함된다.

19세기 말과 20세기 초는 자본주의 국가가 이러한 역할을 본격적으로 자각하고 또 자임하기 시작한 시기다. 개념적인 수준에서만 보면야 사회·경제적 역할을 적극적으로 수행하는 복지국가라는 비전은 이미 애덤 스미스 Adam Smith, 1723~1790 같은 명민한 18세기 논자에 의해서도 선보여진 바 있다.[1] 그러나 그것이 실질적으로 역사에 출현한 것은 19세기 말부터다. 세계로 뻗어나가는 자국 자본의 재생산을 다방면에서 보조하면서(제국주의), 주기적인 경기후퇴와 대량실업으로 생계가 위태로워진 노동자들에게 실업수당을 지원하면서, 제1차 세계대전이 발발하자 효율적인 전쟁 수행을 위해 경제 전반을 통제하는 경험을 하면서, 전쟁 이후에는 가장을 잃은 가정에 유족수당을 지급하면서, 그리고 독일 같은 후발국에서는 빠른 '따라잡기'를 위해 사회보험 같은 새로운 제도를 도입하면서, 국가는 자신을 재구성해갔다. 국가에 점점 더 많은 역할이 요구되고 또 부여되었고, 그것을 가능케 하는 이론적·실천적 조건들이 빠르게 조성되었다. 특히 주목할 만한 변화는, 19세기 말엽부터 선진 각국에서 상시적인 보편적 소득세제가 도입됨으로써 국가의 적극적인 역할 수행을 위한 물적 토대가 마련되었다는 것, 경제학자 케인스 등에 의해 국가의 재량적인 통화 정책·재정 정책의 가능성을 열어주는 이론적 비전이 1920~1930년대에 제시되었다는 것, 1930년대에 이르러서는 경제의 생산 능력과 소득 현황이 정기적으로 측정됨에 따라 그러한 적극적인 경제 정책 수행의 과학적 기반이 놓였다는 것[2] 등이다.

그 결과 국가의 규모가 빠르게 팽창했다. 〈그림 2-1〉을

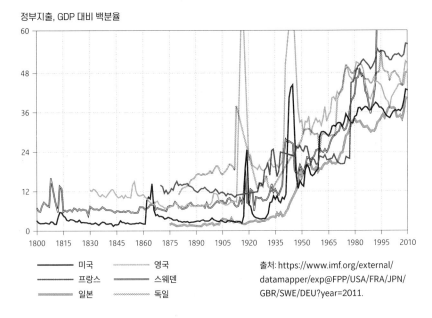

〈그림 2-1〉 주요국의 정부지출 규모 추이: 1800~2011년

정부지출, GDP 대비 백분율

미국	영국
프랑스	스웨덴
일본	독일

출처: https://www.imf.org/external/
datamapper/exp@FPP/USA/FRA/JPN/
GBR/SWE/DEU?year=2011.

보자. 이 그림은 1800년부터 최근까지 미국, 프랑스, 일본, 영국, 스웨덴, 독일 등 6개국의 정부지출 규모를 각 나라의 국내총생산(GDP) 대비 백분율로 나타낸다. 이로부터 제1차 세계대전 발발 전까지는 대체로 10% 이하에서 큰 변동이 없다가, 1920년대 이후 최근까지 각국의 정부지출 규모가 빠르고 꾸준하게 증가했음을 알 수 있다. 20세기 초반까지 세계에서 가장 앞선 자본주의 나라로서, 지금까지 우리가 주목하고 있는 영국을 보자. 1870년대부터 10년 단위로 연간 GDP 대비 정부지출 백분율 수치들을 평균해보면, 1870년대 6.82%, 1880년대 6.93%, 1890년대 7.63% 등이다. 1870~1880년대에 경제에 충격적인 공황에 이은 장기 대불황이 닥쳤는데도, 정부가 사실상 아무것도 하지 않았다고 해도 무리가 없다. 20세기 들어서도 제1차 세계대전 발발 직전까지 영국 정부의 소비는 GDP의 8.28%(연평균)에 지나지 않았다. 전쟁이 터지면서 상황이 달라졌다. 1916년엔 GDP의 68.42%가 정부지출로 돌아갔고, 전쟁이 지속된 1914~1918년을 연평균으로 산출하면 GDP의 절반 이상이 정부지출이었다. 중요한 것은 전쟁이 끝난 뒤 정부지출이 종전 수준으로 줄어들지 않았다는 사실이다. 1919년에서 시작하는 10년 동안 영국 정부는 매년 GDP의 20.60%를 썼으니 말이다.

영국 정부는 그 돈으로 무엇을 했는가? 경제가 침체에 빠지면서 발생한 대량의 실업자를 구제했고 전쟁으로 가장을 잃은 가족에게 생계를 제공했다. 이를 위해 국가는 세금을 걷었는데, 물품세나 거래세 같은 전통적인 세목 이외에 보편적 소득세와 같이 과거엔 그다지 중요하지 않았던 세제를 통해 세수입 확충에 힘썼다. 요컨대 20세기 초반 다시금 흔들린 대중의 삶의 안정성을—비록 충분치는 않지만—회복시켜준 것은 다름 아닌 국가였다.

처음에 국가의 역할은 일정한 조건에 해당하는 사람들에게 정액의 현금 수당을 지급하는 정도에 그쳤으나, 이 역할은 점차 확장되지 않을 수 없었다. 〈그림 2-2〉는 다양한 소득 보조 프로그램의 확산 추이를 보여준다. 1880년대 독일에서 비스마르크 총리의 주도로 최초의 사회보험법이 공포된 게 시작이었다. 이후 10년도 안 돼 덴마크에서 최초의 노령연금 제도가 도입되었고, 이후 산업재해나 실업에 대비하는 보험 제도와 각종 수당제도가 프랑스, 이탈리아, 오스트리아, 뉴질랜드 등지로 빠르게 퍼져나갔다. 이렇게 수당의 종류가 점차 늘어나는가 싶더니, 나중에는 아예 국가가 교육이나 의료와 같이 삶의 유지에 기본이 되는 재화·서비스를 직접 제공하기에 이르렀다. 삶을 보장하는 방식이 다변화된 것이다. 이 과정에서 '기본' 논자들의 저항도 있었다. 1919년 및 1920년 영국 노동당의 연례회의에서 밀너가 제기한 '국가상여금'이 논의되기도 했고, 의회 안에서는 자유당 출신의 줄리엣 리스-윌리엄스 의원이 각종 수당을 자신이 제안하는 단일한 보편적 급부로 대체함으로써 대중의 근로의욕을 고취할 수 있다고 목소리를 높였다. 그러나 역사의 흐름은 국가가 대중의 삶을 더 포괄적인 방식으로 보장해주는 방향으로 향했고, 이러한 움직임은 마침내 1942년 영국에서 윌리엄 비버리지William Beveridge, 1879~1963의 유명한 보고서[3]가 발간됨으로써 중요한 이정표에 다다르게 되었다.

'기본'의 재산관: '카이사르의 것은 카이사르에게'

과거와 현재의 '기본' 논자들은—개인차가 없진 않지만—대체로 이런 변화의 의의를 충분히 심각하게 받아들이지 않는 것 같다. 오히려 '기본'은 국가에 적극적인 역할을 부여

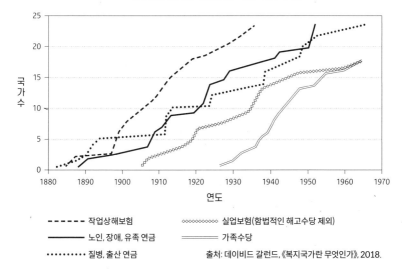

〈그림 2-2〉소득보조 정책의 확산 추이

- - - - - 작업상해보험　　　　xxxxxxxxx 실업보험(함법적인 해고수당 제외)
───── 노인, 장애, 유족 연금　　════ 가족수당
·········· 질병, 출산 연금　　　　출처: 데이비드 갈런드, 《복지국가란 무엇인가》, 2018.

하는 데 반대하는 경향이 있는데, 그 주창자들 사이에서 무
정부주의적 성향이 강하게 나타나는 것은 우연이 아니다. 물
론 국가가 되었든 다른 무엇이 되었든, 사회 구성원들로부터
일정한 돈을 걷어서 나눠줄 공동체 기구는 필요하다. 하지만
'기본'은 그러한 공동체 기구의 역할을 최소화하려는 경향을
보인다.

　　어떻게 그것이 가능할까? 이 대목에서 고려해야 할 것은
'기본'이 가진 독특한 재산관이다. 재산권은 근대사회의 바탕
을 이루는 자연법적 권리로 오랫동안 통용됐다. 흥미로운 것
은, 흔한 오해와 달리 '기본' 논자들이 그러한 통상적인 재산
개념을 대체로 받아들인다는 점이다. 토머스 페인의 제안을

떠올려보자. 앞 장에서 설명했듯이, 그의 출발점은 자연 상태의 토지는 인류 모두가 공유하는 자산이라는 관념이다. 문제는 그러한 토지가 현실에서는 소수에 의해 독점되고 있다는 사실이다. 토지에서 나오는 수입도 그 소유자가 독차지한다. 토지소유자가 자신의 토지를 개간함으로써 발생한 수입이 그에게 속하는 것이야 문제될 게 없다. 그러나 전혀 개간하지 않은 토지에서도 일정량의 곡물 등이 생산되는 만큼, 토지에서 나오는 수입 가운데 개간이 아닌 자연에서 유래하는 부분은 인류 모두가 공유하는 게 마땅하다. 바로 이 몫을 걷어서 매년 21세가 되는 청년에게 일정액을 나눠주자는 게 페인의 주장이었다. 형식상 이것은 엉뚱한 사람이 차지하는 수입을 원래의 주인에게 돌려주자는 것으로, 저항이 가장 적은 형태의 재분배일 것이다. 덧붙이자면, 페인은 50세 이상의 시민에게는 매년 10파운드의 소득을 무상으로 제공하자고 주장하기도 했는데, 이 또한 겉보기와 달리 '제 몫 돌려주기'의 일환이다. 이 제안에 대한 설명은 《농업 정의》가 아니라 그보다 먼저 출간된 《인간의 권리》에서 찾을 수 있다. 이에 따르면, 한 개인이 국가에 세금을 낸다는 것은 해당 세액만이 아니라 그 돈을 보유하고 있었다면 얻었을 이자까지도 국가에 넘기는 것을 의미한다. 그런데 국가가 애초 걷으려 했던 것은 세액 그 자체일 뿐이므로, 그에 대한 이자는 원래의 주인에게 돌려주는 게 마땅하다. 페인이 50세 이상의 시민에게 지급하자고 제안했던 10파운드의 연금은 그 시민이 경제활동을 하던 젊은 시절에 주기적으로 국가에 지불한 세금에 대한 이자였던 것이다.

'기본'이 택한 길: 최소 국가를 향하여

위와 같은 논리에 따르면, 왜 18세기 말부터 19세기 초반에 많은 사회사상가·사회개혁가들이 재산을 '도둑질'이라고 불렀는지 이해할 수 있다. '기본' 주장은 그런 맥락에서 파악되어야 하지만, 모든 재산이 아니라 재산의 일부, 정확히는 재산에서 유래하는 소득의 일부만을 재분배의 대상으로 삼는다는 점에서, 그런 맥락의 주장들 가운데 가장 온건한 종류라고도 할 수 있다. 어쨌든 이런 정도라면, '기본'을 실행하기 위한 공권력도 최소한에 그칠 것이다.[4]

다른 한편, '기본'을 주장하는 이들이 의미하는 '기본'이 무엇인지를 따져볼 필요도 있다. 오늘날 '기본' 논자들(=기본소득론자들)은 '기본' 개념에는 '충분성'이 포함된다고 주장한다. 하지만 늘 그랬던 것은 아니다. 지금까지 검토한 1세대와 2세대 '기본'론에서는, 예외 없이 '기본=최소한'이었다. 삶에 필요한 최소한이라는 개념은, 물론 시대와 장소에 따라 다른 내용을 가질 수밖에 없다. 그러나 19세기와 20세기 초반에 그 수준은 말 그대로 '생존'에도 미치기 어려운 수준이었을 것이다. 물론 이러한 정도로나마 삶의 기본이 보장되어야 한다는 생각은 그 자체로 역사 진보의 산물이다. 빈곤은 게으름의 소산이고, 고칠 수 없는 질병과 같은 것이며, 나아가 많은 이들에게 반면교사가 된다는 점에서 일정한 빈민의 존재는 바람직하다는 (오늘날까지도 남아 있는) 생각이 적어도 19세기 말까지는 주류였기 때문이다.

그런데 '기본' 보장의 원칙이 최소성이냐 충분성이냐는 단순히 정도의 차이가 아니다. 그것은 어떤 형태의 국가를 상정하느냐의 문제이기도 하다. 삶에 필요한 충분한 액수가 기본소득으로 보장된다면 다른 소득이 없어도 살아가는 데 큰 문제가 없을 것이다. 하지만 국가가 오직 생존을 위한 최소한의 소득 정도만을 보장해준다면 그 수혜자들은 추가적인 소득을 거두기 위해 일을 해야 할 것이다. 국가의 역할과 관련해 전자에서는 더 이상 국가가 필요치 않다고 해도 좋겠지만, 후자에서는 그렇지 않다. 그래서 전자는 무정부주의와 친연성이 있지만, 후자는 국민이 추가적인 소득을 원활히 획득하도록, 이를테면 전 국민을 대상으로 한 완전고용 정책을 펴는 등 국가의 적극적 역할의 필요성을 배제하지 않는다. 그러한 국가는 일정한 고용 정책과 소득 정책에도 불구하고 삶에 어려움을 겪는 이들을 위해 다양한 복지 정책을 별도로 마련할 수도 있다. 즉 최소한만을 보장하는 '기본'론은 보다 적극적인 역할을 하는 국가, 우리가 흔히 말하는 복지국가와도 어우러질 가능성이 있다는 얘기다.

실제로 앞에서 열거한 '기본' 주창자들 가운데 경제학자 콜이나 정치인 리스-윌리엄스가 그 경우에 해당한다. 20세기 초반까지 모든 이들에게 '기본'을 제공해야 한다는 주장의 가장 설득력 있는 근거는, 그래야 모든 이들에게 골고루 근로 의욕을 고취시킬 수 있다는 것이었다. 이것은 오늘날 기본소득이 노동 소멸 사회의 대안으로 제시되는 것과 날카롭게 대조된다. '기본소득은 실업자나 전쟁 유족 등 일부에게만 제공하는 수당보다 우월하다. 후자는 그 수혜자의 근로의욕을 떨어뜨리기 때문이다. 따라서 모든 자격 기반의 수당은 기본소득으로 대체되어야 한다.' 비버리지의 '복지국가'에 맞서 보편적 급부 제도를 옹호했던 줄리엣 리스-윌리엄스의 주장이다. 길드 사회주의자였던 콜은 국가의 완전고용 정책의 강력한 옹호자였다.[5]

이쯤 되면, 위와 같은 이들을 오늘날 기본소득 개념의 직접적인 원류로 제시하는 것에 대해 의문을 품어봄직도 하다.[6] 물론 넓은 의미에서는 이들도 '기본'의 주창자라고 할 수 있다. 만약 그렇다면, '기본'의 역사에는 오늘날의 기본소득론과 직접적으로 연결되지는 않는 다양한 흐름이 존재한다고 해야 할 것이다. 이런 다양성은 아직은 잠복되어 있고, 그 한 단면이 다음 세대의 '기본'론에서 표면에 드러날 것이다.

맺음말: 현대 자본주의와 복지국가

어느 사회든지 그 지배적인 계급은 사회 전체의 물질적 재생산을 책임진다. 이를테면 노예제 사회에서는, 모든 생산은 노예가 담당하지만 그 산물은 노예주가 독차지한다. 여기서 노예주는 그 산물 가운데 일부를 노예에게 제공함으로써 노예의 삶을 보장해준다. 이게 제대로 안 되면 생산도 원활하지 않고 노예들이 반란을 일으킬 수도 있으며, 반란이 잦아지면 체제가 무너질 수도 있다. 자본주의에서도 마찬가지다. 자본가는 노동자를 부려서 이윤을 챙기지만, 이 과정에서 노동자에게 제공한 임금은 노동자가 삶을 꾸려나가고 자본가도 생산된 상품을 판매하는 근거가 된다. 자본주의 체제는 이러한 순환과 상호의존을 통해 유지되는 것이다.

전체 자본가가 전체 노동자에게 제공하는 임금 총액이 노동자와 그 가족의 생계유지에 충분하다면 경제는 순조롭게 재생산될 것이다. 그러나 자본주의 경제가 심화·발전함에 따라 위 순환이 점차 어려워진다. 기계화와 대량생산으로 생산물의 양은 증가하지만, 생산에 필요한 노동력의 상대적 규모는 줄어들기 때문이다. 안 팔리는 물건이야 해외로 수출하면 될 일이다. 그러나 경제 구조적으로 노동자 일부가 생계를 유지하지 못한다는 것은 큰 문제가 된다. 이는 개별 자본가가 어떻게 할 수가 없는 문제로서, 이를 다루기 위해 국가가 필요한 것이다.

이렇게 20세기 들어 발달한 복지국가는 무엇보다 민주주의와 인권의식 발전의 산물이지만, 동시에 그것은 자본의 이해관계에도 부합한다. 복지국가가 아니었다면 어떻게든 자본이 스스로 담당했어야 하는 전체 노동력의 관리라는 업무를 국가가 대행해주는 것이니 말이다. 그러므로 일시적으로 실업에 처한 노동자에게 금전적 지원을 제공하는 것은 복지국가의 가장 기본이 되는 사무다. 그러한 수당의 대상 범위는 노동자의 유족, 은퇴한 노동자, 아동 등으로 확장되었고, 교육이나 의료, 주거와 같은 재화·서비스는 국가가 직접 공급해주기도 했다. 나아가 국가는 자본 활동을 위해 필요하나 개별 자본이 생산하기는 어려운 교통이나 통신 등 경제 인프라 건설을 도맡기도 하며, 경제 전체에 영향을 미치는 통화·재정 정책을 수행하기도 한다. 역사적·사회적·기술적 여건의 차이로 인해 나라별로 국가가 이러한 역할들을 수행하는 정도는 천차만별이지만, 오늘날 대부분의 나라에서 국가는 그러한 역할을 수행할 것으로 기대된다. 요컨대, 복지국가는 현대 자본주의에 꼭 맞는 일반적인 국가형태인 것이다.

3장

세 번째 전투:
자본주의 심화와 기본소득

자본주의는 내재적으로 불안정한 체제다. 이 점에 대해서는 19세기 중반 마르크스가 처음으로 체계적인 분석을 시도했고, 이는 오늘날에 이르기까지 여러 세대의 마르크스주의 학자들에 의해 다방면에서 업데이트되었다. 마르크스주의 바깥에서도 케인스나 찰스 킨들버거 Charles P. Kindleberger, 1910~2003, 하이먼 민스키 Hyman Minsky, 1919~1996 같은 경제학자들이 자본주의의 내적 불안정성을 저마다 조금씩 다른 각도에서 조명한 바 있다.

자본주의의 불안정성은 주기적인 경기변동, 나아가 공황으로 나타난다. 하지만 2장에서 보았듯이 20세기 들어 경제에 대한 국가의 조절 능력이 발달하면서 공황이 파국으로 치닫는 일이 줄어든 것도 사실이다. 그렇다고 경기변동이나 공황이 사라진 것은 아니다. 달라진 것은 이것이다. 과거엔 공황이 제한된 지리적 범위에서 단기간에 발생했다면(그래서 그 파괴력도 더 크게 느껴졌다면), 지금은 자본주의 체제의 심화와 국가의 정책 역량 강화 덕분에 공황의 파괴력을 장기간에 걸쳐 펼쳐놓기도 하고 지리적으로 분산시키거나 심지어 이동시킬 수도 있게 되었다.

국가의 경제 정책 역량 강화는 공황의 충격 자체를 완화하는 데만 이바지한 게 아니다. 똑같은 크기의 충격이 발생하더라도 국가의 복지 기능의 발달 덕택에 그 충격이 개개인에게 미치는 정도도 극소화할 수 있게 되었다. 20세기 초 '기본'은 이와 같은 국가의 변화를 제대로 감지하지 못한 결과 또 다시 패배를 맛보았다. 물론 그러한 안전망이 충분히 촘촘했는지에 대해서는 별도의 토론이 필요하다. 하지만 제2차 세계대전의 종전과 함께 서유럽과 북미의 선진 자본주의권에서 복지국가로의 운동이 거의 불가역적인 것으로 판명된 이후, 국가의 복지 기능이 양적으로나 질적으로 심화되어온 것은 부정하기 어렵다. 그러나 이런 와중에서도 '기본'의 도전은 끊이지 않았다.

자동화와 기본소득

이번에 '기본'이 모습을 드러낸 곳은 1960년대 미국이다. 그런데 앞서와 달리 이번에는 '기본'의 재등장 배경이 조금 복잡하다. 필리프 판 파레이스Philippe Van Parijs와 야니크 판데르보흐트Yannick Vanderborght는 지금까지 출간된 기본소득에 관한 가장 포괄적인 개설서라고 할 만한 공저 《21세기 기본소득》(2017)에서 1960년대 미국에서 '기본' 제안이 부활한 맥락을 크게 세 측면에서 찾는다. 포스트-산업주의, 신자유주의, 진보주의 등이 그것이다. 이를 하나씩 살펴보자.

미국은 이미 20세기 초부터 세계경제의 새로운 '헤게몬'으로 떠오르고 있었다. 킨들버거의 표현을 빌리자면 쇠락하는 영국을 이어서 세계경제를 이끌 '능력은 있었으나 의사가 없는' 상태에서 오랜 기간 그 역할을 맡기를 주저했지만, 제2차 세계대전이 끝날 무렵에는 '자유세계'의 명실상부한 리

<표 3-1> 주요 혁신들

시기	미국	유럽 및 기타
1920 년대	무선전화기, 최초의 대서양횡단 비행, 톰슨 기관단총, 일회용 반창고, 최초의 3차원 영화, 교통신호등, 냉동식품, 16mm 가정용 무비카메라, 확성기, TV시스템 완성, 최초의 발성영화, 자동차 라디오, 최초의 대서양횡단 전화, 신용카드	세계 최초의 항공회사(KLM, 네덜란드), 전기주전자(영국), 스프레이(노르웨이), 자동태엽시계(스위스), 기계식 텔레비전(영국), 페니실린(영국), 인슐린(캐나다), 원자 분할(뉴질랜드), 수정 시계(캐나다)
1930 년대	3M 스카치테이프, 네오프렌, 아날로그컴퓨터, 스톱-액션 사진, 전기플래시, 폴라로이드 사진, 주차 미터기, 라디오 망원경, FM 라디오, 나일론, 음성인식 머신, 복사기, 스팸, 테플론, 헬리콥터, 고효율 소매 체계 (상품 분류, 마케팅 등)	제트엔진(영국), 전자현미경(독일), 핵에너지 도입(영국), 볼펜(헝가리), 중성자 발견(영국), 로드 리플렉터(영국), 마그네틱 녹음(독일), 레이더(영국), 최초의 인조 테크네티움(이탈리아), 냉동건조커피(스위스), 터보프로펠러 엔진(헝가리)

출처: 찰스 페인스틴·피터 테민·지아니 토니올로, 《대공황 전후 세계경제》, 2008.

더가 되어 있었다. 유럽에 전폭적인 원조를 제공하면서 전쟁
으로 폐허가 된 유럽의 재건을 주도했고, 두 차례의 세계대전
을 겪으며 축적된 혁신적 기술을 여러 분야에 상용화하면서
빠른 경제성장을 이어갔다. 비행기, 자동차에서부터 16mm
가정용 무비카메라나 음성인식 머신에 이르기까지, 전쟁은
신기술의 실험장이기도 했다. 〈표 3-1〉은 1920년대와 1930
년대에 이루어진 주요한 혁신을 일별하고 있다.

전쟁의 역할이 참으로 얄궂다. 1930년대 대불황을 끝낸
것도 전쟁이요, 이후 성장의 발판을 마련한 것도 전쟁이었으

니 말이다. 전쟁은 많은 것을 파괴했지만, 또 많은 것을 건설하는 기회를 인류에게 제공했다. 어쨌든 덕분에 제2차 세계대전이 끝나고 20년 동안 서구 자본주의는 역사에 다시없을 '황금기'를 누렸다. 이러한 번영이 얼마 전까지만 해도 전쟁의 포화 속에서 신음하던 당대 사람들에게 얼마나 깊은 인상을 남겼겠는가. 그러니 거기에 각별한 의의를 부여하고자 하는 사람이 나타난다고 해서 이상할 게 없다. 오늘날까지 명망이 높은 다니엘 벨Daniel Bell, 1919~2011이나 앨빈 토플러Alvin Toffler, 1928~2016 같은 이와 비견될 만한 경제학자이자 미래학자 로버트 시오볼드Robert Theobald, 1929~1999도 그중 하나다.

시오볼드는 1950년대 중반 이후 미국은 자동화혁명cybernation revolution을 겪는 중이라고 주장했다. '컴퓨터와 자동화된 자기 조절 기계의 결합' 덕택에 인류는 인간의 노동 없이도 작동이 가능한 무한대의 생산력을 갖게 되었고, 이에 따라 인간의 경제 및 사회의 구조가 완전히 바뀔 가능성이 확보되었다는 거다. 이러한 시각은 '삼중혁명임시위원회Ad Hoc Committee on the Triple Revolution'에 의해 수용되었다. 여기서 '삼중三重혁명'이란 위의 자동화혁명과 더불어 인권혁명과 무기혁명 등 인류사를 바꿀 수 있는 세 가지 혁명이 동시에 벌어지고 있음을 가리킨다. 먼저 위원회에 따르면 1960년대 미국 사회를 달군 흑인민권운동은 '완전한 인권에 대한 보편적 요구'를 의미한다는 점에서 인권 개념에서 일대 혁명이 벌어졌음을 내포한다. 또한 무기혁명이란 히로시마와 나가사키에 떨어진 핵폭

탄과 같이 가공할 만한 위력을 가진 무기가 발명된 것을 가리키는데, 이렇게 인류 문명 자체를 제거할 위력을 가진 무기의 발명은 역설적으로 '전쟁 없는 세상'에 대한 가능성을 열었다고 위원회는 보았다. 이러한 세 가지 혁명적 흐름의 잠재력을 극대화해 인류의 고른 번영을 이루자는 게 위원회의 취지였다. 위원회는 1964년 3월 22일 자로 린든 존슨Lyndon B. Johnson, 1908~1973 대통령 및 정부의 고위 인사들에게 '삼중혁명'이라고 명명된 공개서한을 보내기도 했다. 여기엔 시오볼드를 포함해 유력한 학자와 사회운동가 등 34명이 서명했다.

이 공개서한에서 현재 우리의 관심사인 자동화혁명과 관련된 내용을 살펴보자. 결국 시오볼드와 위원회의 주장은 자동화의 진전 덕택에 생산력이 비약적으로 발달했고, 그 결과 우리는 더 이상 힘들여 일할 필요가 없게 되었을 뿐만 아니라 생산물을 분배하는 기준도 새롭게 정의되어야 한다는 것으로 요약된다.

미국의 자동화혁명이 제기하는 근본 문제 …… 지금까지 경제적 자원은 …… 생산에 대한 기여에 입각해 분배되었다. 현재 발전 중인 자동화 체계에서는, 인간의 협력을 별로 필요로 하지 않는 기계 체계가 잠재적으로 무제한의 산출을 낼 수 있다. 기계가 인간에게서 생산을 빼앗아 감에 따라 기계는 점점 더 자원의 많은 부분을 흡수하는 반면, 자리를 빼앗긴 인간은 실업보험, 사회보장, 복지급여 등 [생산과] 관련이 없는 최소한의 정부 조치에 의존하게 된다.

이러한 조치는 점점 더 역사적 역설을 숨길 수 없게 된다. 그 역설이란 충분한 생산 잠재력이 미국의 모든 사람의 필요를 충족시킬 수 있는 이때 인구의 상당수가 종종 빈곤선 이하의 최소 소득에 의존해서 생존해야 한다는 것이다.[1]

이상의 문제의식은 4차 산업혁명에 따른 일자리 소멸이라는 오늘날의 기본소득론자들의 그것과 놀랍도록 유사한데, '소득에 대한 무조건적 권리'에 입각한 새로운 분배 체계 도입을 해법으로 내놓는다는 점에서도 둘은 일치한다. 하지만 시오볼드가 실제로 주장한 것은 모든 시민에게, 즉 성인과 아동에게 각각 연간 1,000달러와 600달러의 보장소득 guaranteed income 을 지급하자는 정도였다. 그의 생각대로 기계가 인간을 영원히 대체하는 세상이 된다면, 그래서 생산에 대한 기여에 입각하지 않은 새로운 분배 체계가 필요하다면, 모두에게 무조건적으로 보장되어야 할 소득은 삶의 유지를 위해 충분한 수준이어야 한다. 시오볼드도 이 점을 모르진 않았을 것이나, 연간 1,000달러도 당시로서는 상당히 대담한 주장이었을 것이다. 어쨌든 이러한 보장소득이 실업수당, 각종 공적부조·보조금 등 복잡하게 발달한 기존의 수당 체계를 대체하는 동시에 모두에게 소득의 '최저선'을 보장해줄 수 있으리라고 시오볼드는 기대했다.

음의 소득세제의 출현

파레이스와 판데르보흐트가 《21세기 기본소득》에서 1960년대 미국에서 '기본'(=기본소득) 부상의 두 번째와 세 번째 계기로 꼽은 것은 각각 신자유주의와 미국 특유의 진보주의liberalism였다. 정치적으로 보자면 둘은 오른쪽과 왼쪽으로 극명하게 대조되는 입장을 대표하지만, 둘 다 대체로 직업 경제학자들에 의해 제시되어서인지 내용적으로는 큰 차이가 없다. 나아가 둘은 1960년대 미국이 향후 나아갈 방향과 관련해 서유럽식의 본격적인 복지국가는 배제한다는 점에서도 의견 일치를 보고 있다. 요컨대 두 입장은 비록 정치적으로는 상반되는 세력을 대표하지만, 그들의 '기본' 주장은 복지국가를 반대하는 무기로 제시되었다는 점에서는 같았던 셈이다.

먼저 우파적 버전이라고 할 만한 '기본' 주장의 대표로는 음의 소득세제negative income tax, NIT를 꼽을 수 있다. 음의 소득세제의 특징은 시오볼드의 보장소득과 비교하면 잘 드러난다. 후자가 시민 모두에게 정액의 소득(y_m)을 지급해 모두가 y_m 이상의 소득을 거두게 하자는 제안이라면, 음의 소득세제는 소득이 y_m 미만인 시민들에게 소득에 따라 차등적으로 일정액의 수당을 지급해 가장 소득이 낮은 사람도 적어도 y_m의 소득은 거둘 수 있도록 하자는 제안이다. 그러나 이러한 차이에

〈그림 3-1〉 다양한 소득보장제도의 비교

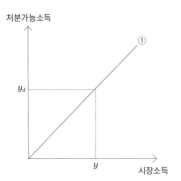

a) 세금도 없고 수당도 없는 상태

- **처분가능소득 $y_d = y$**

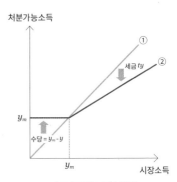

b) 통상적인 빈민수당제

- 최소소득을 기준으로, 소득이 그보다 많은 이들에게선 일정한 세율로 세금을 걷고 소득이 그보다 적은 이들에겐 최소소득을 얻을 수 있도록 수당 지급

- **처분가능소득 y_d**

i) 시장소득 $y \geq$ 최소소득 y_m인 사람: $y_d = y - ty = (1-t)y$

ii) 시장소득 $y <$ 최소소득 y_m인 사람: $y_d = y + (y_m - y) = y_m$

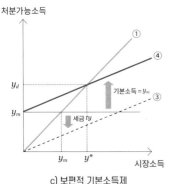

c) 보편적 기본소득제

- 모두에게 세율 t로 과세하고, 최소소득(y_m)을 기본소득으로 지급

- **처분가능소득 $y_d = y - ty + y_m = (1-t)y + y_m$**

(손익분기점: 시장소득이 y^*이면 납세액과 기본소득액이 일치 즉 손익분기점에서 납세액(ty^*)이 기본소득액(y_m)과 같으므로, $ty^* = y_m$, 따라서 $y^* = y_m/t$)

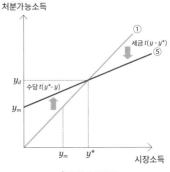

d) 음의 소득세제

- 시장소득이 손익분기점 y^* 이상이면 그 초과분($y - y^*$)에 대하여 t의 세율로 소득세 납부하고, 시장소득이 손익분기점 y^* 미만이면, 그 부족분($y^* - y$)에 대하여 t의 세율로 음의 소득세 수취

- **처분가능소득**

$$y_d = y - t(y - y^*) = y - ty + ty^* = (1-t)y + y_m$$

도 불구하고 〈그림 3-1〉에 나타나 있듯이 둘은 정확히 같은 결과를 산출하도록 설계될 수도 있다.

이 그림은 다양한 소득보장제도들을 일목요연하게 비교하고 있다(각 제도의 특징을 설명하는 게 목적이므로 단순화가 다소 지나쳐 보일 수 있다). 먼저 a)는 세금도 없고 수당도 없는 상태로서, 모든 개인은 시장에서 거두는 소득(y)을 최종적인 처분가능소득(y_d)으로 갖게 된다. 가로축이 시장소득, 세로축이 처분가능소득(최종소득)을 나타내는데, 둘이 같으므로 그래프가 45°선($y_d=y$)을 그린다. 다음으로 b)는 통상적인 빈민수당제를 표현한다. 이는 최소소득(y_m)을 정해두고, 이보다 높은 사람에게서 일정한 세율(t)로 걷은 세금을 y_m에 미치지 못하는 소득을 거두는 이들에게 시장소득액에 따라 차등적으로 수당을 지급하는 제도다(편의상 세율은 모두에게 똑같이 적용되는 단일세율을 상정한다). 이에 따르면, 시장소득이 y_m에 못 미치는 이들은 모두 y_m의 처분가능소득을 갖게 될 것이고, y_m 이상의 시장소득을 거두는 시민들은 자신의 시장소득에서 세금을 뺀 액수 $(1-t)y$를 처분가능소득으로 갖게 될 것이다. 그래프 ②가 바뀐 소득을 나타낸다.

이제 위 둘을 기준으로 해서 c)와 d)를 살펴보자. 먼저 c)는 모든 시민들에게서 t의 세율로 세금을 걷은 뒤 모두에게 정액 y_m의 기본소득을 나눠주는 보편적 기본소득제를 나타낸다. 최초의 45°선(①)에서 세율만큼 기울기가 줄어든 그래프(③)를 기본소득액만큼 상향 평행 이동하면(④) 최종적인 소득을 나타내는 그래프가 되며, 이때 사람들은 처분가능소득 $y_d = (1-t)y + y_m$을 갖게 된다. 끝으로 d)의 음의 소득세제를 보자. 이는 시장소득이 일정 수준을 넘는 사람에게서는 세금을 걷고 해당 소득을 거두지 못하는 사람에겐 같은 비율로 수당을 지급하는 제도로서, 그래프로 보면 기준소득을 중심으로 45°선을 회전 이동한 ⑤가 이 제도에 따른 최종소득을 표현한다.

이제 각각의 제안들을 간략히 비교해보자. 먼저, 고전적인 빈민수당제는 모든 사람에게 최소한의 소득을 보장한다는 점에서 그 나름의 중요한 기능을 한다. 그러나 b)를 c)·d)와 비교해보면, 후자의 장점이 곧장 두드러진다. b)에서는 기준소득에 미치지 못하는 사람들이 모두 같은 크기의 처분가능소득을 얻게 되므로, 여기 속하는 사람들은 근로의욕 저하를 겪게 되고 결과적으로 수급자에서 벗어나기가 매우 어려워질 우려가 있다. 소득이 없는 수급자가 새로운 일자리를 구하더라도, 그것이 y_m 이상의 소득을 보장해주지 못하면 어차피 그가 최종적으로 갖게 될 처분가능소득엔 변함이 없기에 그는 해당 일자리를 취하지 않으려 할 것이기 때문이다. 반면 기본소득제와 음의 소득세제에서는 이러한 근로의욕 저하의 문제가 발생하지 않는다. 모든 사람들이 y_m의 소득을 보장받는 동시에, 일을 조금이라도 하면 일정한 비율—즉 $(1-t)$의 비율—만큼 소득이 늘기 때문이다. 다른 한편, c)와 d)에서는 일정 소득을 기준으로 세금을 '내는' 사람과 '받는' 사람이 갈리는데, 둘을 가르는 손익분기점의 위치와 최소소득의 크기에 따라 기본소득제와 음의 소득세제는 다양하게 설계될 수 있다. 이 말은, 손익분기점과 최소소득을 적절히 맞추면, 즉 〈그림 3-1〉에서와 같이 둘은 완전히 같게 설계할 수도 있다는 뜻이다.

복지국가에 대항하는 무기로 등장한 기본소득

이 제안을 발전시킨 장본인은 놀랍게도 시카고의 경제학자 밀턴 프리드먼Milton Friedman, 1912~2006이었다. 아무리 오늘날 '신자유주의 경제학'의 창시자로 알려진 프리드먼이라 해도 사람들이 빈곤으로 죽어 나가는 것을 원치는 않았을 것이다.[2] 당시 미국에서는 빈곤이 심각한 사회문제로 제기되고 있었고, 1964년에 존슨 대통령은 '빈곤과의 전쟁war on poverty'을 선포하기에 이른다. 프리드먼도 큰 틀에서는 이런 흐름에 공감하면서도 빈곤 퇴치를 위한 구체적인 방법에는 이견을 가지고 있었다. 그가 보기에 빈곤 퇴치를 위해 1930년대의 대불황과 제2차 세계대전을 거치며 발달한 미국의 수당제도는 너무 복잡할 뿐만 아니라 그 수혜자들의 근로의욕을 떨어뜨린다는 점에서 장점보다 단점이 더 컸다. 그렇다고 해서 미국이 당시 서유럽에서 발달하고 있던 이른바 '복지국가'로 나아가는 것은, 프리드먼이 보기에는 더욱 바람직하지 않은 일이었다. 이런 배경에서 프리드먼은 국민에게 최소한의 소득을 보장해주는 동시에 그들의 근로의욕은 꺾지 않는 단순한 제도를 고안하고자 한 것인데, 그 결과가 음의 소득세제였다.

현행 제도의 폐해에 대한 프리드먼의 인식은 그보다 '왼쪽'에 있는 당대의 지식인들로부터도 공감을 얻었다. 물론 앞서 소개한 시오볼드의 보장소득도 진보 지식인들의 이목을 끌기는 했다. 그러나 큰 틀에서의 취지에는 공감하지만 당장의 현실 정책으로 삼기에는 너무 이르다는 의견이 지배적이었던 것 같다. 당대의 대표적인 진보 경제학자 가운데 하나였던 로버트 하일브로너Robert L. Heilbroner, 1919~2005가 시오볼드의 저작에 대한 서평에서 그러한 의견을 낸 바 있고,[3] 제임스 토빈James Tobin, 1918~2002은 소득 최저선을 공적으로 보장해야 한다는 필요성에 공감하면서도 이를 위해 20세기에 본격적으로 발달한 조세제도(특히 소득세제)를 적극 활용해야 한다고 주장했다. 이러한 움직임은 1972년에 대통령 선거를 위한 민주당 경선에서 조지 맥거번George McGovern, 1922~2012 상원의원이 모든 미국인에게 연간 1,000달러를 지급하자는 데모그란트demogrant 프로그램을 주장한 데서 절정에 달했다. 이 제안은 토빈의 총괄 아래 고안된 것이었다. 하지만 좌우 양측의 공격 끝에 이 공약은 맥거번이 민주당 대통령 후보로 선출된 이후 포기되었고, 그랬는데도 맥거번은 11월 선거에서 공화당의 리처드 닉슨Richard Nixon, 1913~1994에게 크게 패하고 말았다.

조용한 내전: 보편적 급부제 vs 음의 소득세제

1960년대 미국에서 부활한 '기본' 논의는 이전의 사례들과 견주어 몇 가지 점에서 흥미로운 차이를 내포한다. 첫째, 애초 자산과 소득의 형태를 번갈아 취하며 제시되었던 '기본'이 이미 20세기 초반 영국 등에서는 거의 예외 없이 정기적인 소득의 형태(기본소득)로 단일화되었음은 이미 지적했다. 이에 더해 '기본'의 세 번째 물결은 과거에 비해 복잡한 맥락을 내포한다는 점, 직업 경제학자들, 특히 어떻게 보더라도 당대의 1급 경제학자라고 할 만한 이들에 의해 논쟁이 주도되었다는 점, 끝으로 '기본' 내에서 분화가 발생했다는 점에서 과거와 차별화된다.

이 분화에 대해 조금 더 얘기해보자. 1960년대 미국에서 '기본' 논의는 다방면으로 전개되는 과정에서 '보편적 급부제'와 '음의 소득세제'라는 양대 축으로 분화하게 된다. 로버트 시오볼드의 보장소득과 조지 맥거번의 데모그란트가 보편적 급부제라면, 프리드먼이나 토빈 같은 경제학자들이 내놓은 제안들은 큰 틀에서 음의 소득세제로 분류할 수 있다. 이렇게 나누어놓고 보면, 공동체의 모든 구성원에게 정액의 현금을 지급하자는, 그러니까 18세기 말 토머스 스펜스 이래 이루어졌던 기본소득 성격의 제안들은 모두 보편적 급부제에 해당한다. 이에 비해 음의 소득세제는 1940년대부터 소수의 경제학자들에 의해 간헐적으로 언급되기는 했지만 1960년대 들어와서 본격적으로 논의되기 시작한 새로운 유형의 '기본' 제안이다.

'기본'이 단순히 분화되기만 한 게 아니다. 논의가 진행됨에 따라 보편적 급부제와 음의 소득세제는 미묘한 긴장관계를 형성하게 된다. 훗날 노벨상을 받기도 하는 경제학자 토빈의 태도 변화가 흥미로운 것은 이런 견지에서다. 애초 그의 입장은 음의 소득세제에 가까웠다. 1965년 〈흑인의 경제 상태 개선에 관하여On Improving the Economic Status of the Negro〉라는 논문에서 그는 기존의 수당제도의 비효율성을 질타하며 일종의 음의 소득세제를 제안한다. 그러나 같은 논문에서 그는 그것만으론 흑인의 빈곤을 해결할 수 없다면서, 5세 이하 아동에 대한 주간보육 프로그램(흑인 가구에 아이가 많으므로), 의료보장제 확대, 농업 정책 개혁 등을 추가로 주문한다. 이 모든 정책이 제대로 효과를 발휘하게 하려면 정부는 경제가 건전한 성장을 지속할 수 있도록 최선을 다해야 한다고 강조하는 것도 잊지 않았다. 이렇게 토빈은 정부의 적극적인 역할을 중심에 두고서, 음의 소득세제를 다른 정책들과 조화시키고자 한 것이다.

그러던 그가 1972년 대통령 선거를 앞두고 민주당의 맥거번 예비후보 진영에 합류해 자신의 기존 주장과는 상반된다고도 할 수 있는 데모그란트 공약을 입안하는 데 힘을 실은 것은 왜일까? 아마도 이는 당시 정치 지형에서 음의 소득세제는 프리드먼을 필두로 한 보수파의 의제로 확립되고 있었다는 것과 무관치 않을 것이다. 반면 '진보' 쪽에서는 하버드 대학의 경제학자 존 갤브레이스John Kenneth Galbraith, 1908~2006 교수와 같은 이들에 의해 보편적 급부제에 대한 선호 분위기가 팽배한 상태였다. 1950년대까지 갤브레이스는 최소소득 보장에 회의적이었으나 1960년대에 접어들면서 생산력 발달에 따른 '생산과 무관한 소득 원천의 제공' 필요성에 대한 공감도를 높여가고 있었다. 이런 맥락에선 '생산에의 참여-소득 획득'이라는 기존 틀을 전제하는 음의 소득세제보다는 보편적 급부제가 적절한 것으로 보일 수 있다. 끝으로, 토빈과 같은 경제학자들이 제안하는 다양한 유형의 음의 소득세제는 사실 이해하기도 어렵고 실행하기는 더더욱 어렵다는 난점을 안고 있기도 했다.

이렇게 1960년대와 1970년대 초의 논의 진행 속에서, '기본'론은 보편적 급부제와 음의 소득세제로 분화한 동시에, 전자를 중심으로 재구성되면서 후자와는 일정한 대립 관계를 형성하게 되었다. 특히, '기본' 제안을 정치적인 의제로 내세우고자 하는(보통 '진보'에 속하는) 사람들은 음의 소득세제를 보수파의 의제로 낙인찍으면서도, 이를 오직 '기본' 주장이 좌우를 가로질러 '인기'를 얻고 있음을 강조할 때만 언급하는 습관이 있다. 이러한 행태는 오늘날까지도 계속되고 있다.

음의 소득세제: 보수의 정책? 자본주의 심화의 산물!

그런데 최근 국내의 진보적 기본소득론자들이 음의 소득세제를 '기본'과는 무관한 보수파의 정책일 뿐이라고 하는 것은 정당한가? 앞의 절들에서 정리한 1960년대 미국에서의 '기본' 논의를 올바르게 평가하기 위해서는 음의 소득세제 제안이 갖는 의미를 좀 더 생각해볼 필요가 있다.

앞서 언급된 대로 음의 소득세제는 1960년대 미국에서 본격적으로 논의되기 시작했다. 왜 그 이전에는 음의 소득세제 제안이 잘 보이지 않았을까? 이유는 간단하다. 이 제도는 보편적 개인 소득세제의 도입을 전제로 하기 때문이다.

소득세제의 도입은 현대 자본주의가 이룬 가장 눈부신 성취 가운데 하나다. 소득세는 과세 대상이 개인이냐 법인이냐에 따라 개인 소득세와 법인 소득세로 나뉜다. 현재 우리나라의 경우 전체 국세의 30%가량이 개인 소득세다. 법인 소득세도 20% 정도는 된다. 원래 법인 소득세는 개인 소득세에서 분화되었기 때문에 둘을 같이 보는 것도 정당하지만, 여기에서는 개인 소득세만을 놓고 논의를 진행하기로 한다. 2022년을 기준으로 우리나라 개인 소득세는, 1,200만 원 이하 소득에 대해 6%의 세율을 적용하는 것을 시작으로, 10억 원 초과 소득에 대해 45%의 세율을 매기는 식으로 누진적으로 설계되어 있다. 최고 세율은 한때 70%를 넘나들기도 했다. 소득세제가 처음 도입될 당시엔 법인을 별도의 과세 단위로 취급하지 않고 모든 소득을 개인에게 귀속시켜 과세했는데, 이런 기준에 입각한다면 오늘날 한국의 국세 절반 정도가 소득세라고 봐도 무방하며, 경제협력개발기구OECD 회원국 평균도 대략 그러하다.

지금이야 개인 소득세제가 많은 나라에서 주요한 세목으로 자리 잡고 있지만, 소득이 있는 모든 개인에게 그 소득에 비례해, 나아가 누진적으로 세금을 매긴다는 생각은 20세기에 들어와서야 본격적으로 실행될 수 있었다. 소득세제가 그보다 훨씬 과거부터 있었던 것은 사실이다. 영국에서 프랑스혁명 세력과의 전쟁을 치르기 위해 최초로 소득세가 도입된 게 1799년이니 말이다. 그러나 영국뿐만 아니라 독일이나 미국 등 다른 나라에서도 19세기 중반까지 소득세제는 특정한 시기에 특수한 재정수요 조달을 위해 한시적으로 도입되었을 따름이고, 언제나 재산권 침해 등 논란을 몰고 다녔다. 영국의 1799년 소득세제도 사회질서와 재산권을 흔든다는 맹비난을 받다가 1802년 영국과 프랑스가 휴전조약을 맺자마자 폐지되었다. 이런 곡절을 거쳐 영국에서 소득세가 영구적인 세목으로 자리를 굳힌 것이 1870년대이고, 독일(프로이센)에서는 1891년, 미국에서는 시끌벅적한 위헌 논란까지 치러가며 1913년에 와서야 영구적인 성격을 획득하게 된다.

그렇다 해도, 도입 당시엔 소득세제가 지금과 같은 주요 세목으로 자리 잡을 줄은 아무도 몰랐다. 미국의 1894년 소득세법은 4,000달러를 넘는 소득에 대해 2%의 단일세율을 적용했는데, 이마저도 이듬해 연방대법원으로부터 위헌 판결을 받고 폐지되고 만다. 이후 헌법 개정 등의 지난한 과정 끝에 1913년에 재도입된 소득세제에서도 세율은 1~7%에 지나지 않았던 데다가, 2만 달러 미만의 소득에 대해서는 사실상 세금이 매겨지지도 않았고 최고 소득세율(7%)은 무려 50만 달러 이상의 소득에나 적용되었다. 결과적으로 이 제도로 인해 납세 의무를 지게 된 미국의 가구는 전체의 2%에 지나지 않았으며,[4] 당연히 노동자들은 과세 대상에 끼지도 못했다.

이랬던 소득세가 어쩌다가 조세제도의 핵심으로 자리를 잡게 되었을까? 첫째, 얼마간은 우연적인 요인 때문인데, 20세기 초 두 차례의 세계대전이 큰 역할을 했다. 미국에서 1913년에 영구적으로 재도입된 소득세제에서 7%에 불과했던 최고 세율은, 이듬해 전쟁이 터지자 1916년에 15%로, 1917년에 67%로, 1918년에 77%로 잇따라 인상되었다. 종전 뒤 25% 선까지 내려간 최고 세율은, 그러나 1929년 주식시장 붕괴에 이어 대불황이 닥친 뒤 뉴딜정책 시행과 제2차 세계대전 발발을 거치며 1945년에 최고 94%까지 인상된다.

여기서 흥미로운 점은, 전쟁이 끝난 뒤에도 최고 소득세율이 크게 떨어지지 않았다는 사실이다. 기껏해야 94%에서 91%로 떨어지는 정도였다. 다른 선진국들도 마찬가지다. 제1차 세계대전 때는 크게 인상된 소득세율이 종전 뒤―전쟁 전 수준으로까지는 아니지만―인하되었으나, 제2차 세계대전 때는 인상된 세율이 종전 뒤에도 유지되었다. 이후 국제적 '조세 경쟁' 격화로 미국에서 소득세율이 1964년에 크게 인하되기는 했지만, 그래도 여전히 최고 소득세율은 70%대였고, 이는 레이건 대통령이 집권한 1980년대 초까지 유지된다. 〈그림 3-2〉에서 볼 수 있듯이, 주요국들에서 최고 소득세

〈그림 3-2〉 주요국의 최고 개인 소득세율 추이: 1900~2011년

범례:
- 미국
- 영국
- 프랑스
- 독일

출처: 토마 피케티, 《21세기 자본》, 2014.

율 추이는 대략 비슷하다.

그러므로 20세기 역사에서 소득세제의 급부상은 전쟁이라는 우연적인 요인으로만 설명할 수는 없다. 그것은 무엇보다도 불과 수십 년 전만 해도 '도덕적으로나 물질적으로 지극히 혐오스러운 것'이라고 비난받던 소득세제가 추상적 차원의 철학적, 대중심리적 정당성을 확보했음을 의미한다. 1894년 1월 미국 의회에서 소득세법안에 대한 반대 토론에서 로버트 애덤스Robert Adams, Jr. 의원은 다음과 같이 격정적으로 토로했다.

소득세! 너무도 불쾌한 것이어서 그 어떤 행정부도 전쟁 시기가 아니면 감히 들이려 하지 않았던 세금 ····· 도덕적으로나 물질적으로나 지극히 혐오스러운 것. 자유로운 나라에는 속하지 않는 것. 계급 입법. 근검에 세금을 물리고 성공에 벌점을 매기려는가? 부정직에 보상을 내리고 거짓을 장려하려는가? 이 세금의 부과는 대중을 타락시킬 것이다. 첩자와 밀고자를 동반할 것이고, 조사권을 가진 대규모의 관료 집단을 필요로 할 것이다. 그것은 집중제로 가는 한 걸음이며 ····· 징수에 큰 비용이 들 뿐만 아니라 공정하게 징수될 수도 없다.[5]

그러니까 20세기 중반에 적어도 몇몇 선진국들에서 소득세제가 자리를 잡은 것은 위 인용문에서 애덤스 의원이 지적한 다양한 문제들이 해소되었음을 의미한다. 재산권 침해나 세율의 누진성에 대한 철학적·이론적 문제제기가 더는 불가능할 정도로 대중의 의식이 성장했고,[6] 소득을 숨기거나 당국에 거짓말하는 것을 어렵게 할 정도로—물론 그래도 그런 모험을 감행하는 사람, 그 모험에 '성공'하는 사람은 여전히 존재하지만—공권력이 강화되었으며, 세액의 산정과 징세에 드는 비용이 과도해지지 않게 할 정도로 세무 행정이 효율화되었음을 의미한다. 뭉뚱그리자면, 자본주의 체제가 그만큼 심화·발전했다는 것이다.

'패배' 판정의 이유

이렇게 소득세제가 자본주의의 심화·발전의 한 결실이라면, 대중의 삶의 안정성을 보장해주는 데 그것을 이용하지 않을 까닭은 없다. 특히 소득세제는 원칙적으로 국가가 국민 모두의 소득을 파악하고 있음을 전제하므로, 만약 일정 수준에 미치지 못하는 소득을 거두는 개인이나 가구에 대해 모자라는 소득을 채워주는 것이 문제라면 소득세제를 활용하는 것은 기술적으로 더없이 적절하다.

그뿐만이 아니다. 근대적 소득세제는 고대 이래 철옹성같이 유지되었던 재산권 개념에 대한 균열—또는 재구성—을 내포한다는 점에서도, (소득)세제와 연관된 공적 재분배는 각별한 정당성을 확보한다. 돌이켜보면, 토머스 페인과 그의 후예들이 사회의 모든 구성원에게 '기본'을 보장해주어야 한다는 근거를 바로 그러한 고전적 재산권 개념에서 찾았다는 것은 아이러니다. 재산이 도둑질이라고 할 때도 그들은 '신(자연)이 정해준 정당한 몫'이라는 따위의 관념에 입각해 있었으니 말이다. 이에 비해 소득세제는 그 발달 과정에서 근대의 지적·제도적 발전을 한껏 흡수해왔다. 앞서 인용한 애덤스 의원의 연설에서도 볼 수 있듯이 고전적인 재산권 개념 속에서는 국가에 의한 강제적 과세가 인간의 자연적 권리 침해로 여겨진대도 이상할 게 없다. 바로 이것이 19세기 초 소득세제가 처음 고안될 때의 출발점이었다. 그러나 이후 약 100년은 '누가 얼마나 더 부자가 되었는가'를 따져 그에 따라 세금을 매겨야 공평하다는 생각'[7] 그러니까 페인이나 애덤스 의원에게는 전적으로 부당한 것으로 여겨질 생각이 지식인과 대중의 굳은 믿음으로 자리 잡아가는 시간이었다고 해도 틀린 말이 아니다. 이 과정에서 소득의 개념도 바뀌어갔는데, 이제 소득은 그 추상적 원천보다는 결과 측면에서, 즉 '자산의 순증가를 가져오는 게 소득이다'라는 식으로 파악되는 게 일종의 규범으로 자리 잡았다. 이것은 곧 소득 범주의 물신화fetishization라고 불러도 좋을 현상이기는 하다. 그러나 소득을 이렇게 결과 측면에서 정의한 뒤 거기에 적용할 적정 세율을 사회적 토론을 통해 결정하는 것은, 그 자체로 민주주의 성장의 표지라고 해야 할 것이다.[8]

이렇게 본다면, 시오볼드가 강조한 '생산에의 기여(노동)와 무관한 소득보장제도'라는 비전은 이미 현대적인 소득세제, 그리고 그것에 입각해 있는 소득 개념에 이미 어느 정도 스며들어 있는 셈이다. 그렇다면 음의 소득세제야말로 그러한 소득보장을 실현시키는 적절한 방안이라고 할 수도 있지 않을까? 바로 여기에 문제가 있다. 음의 소득세제는 '기본'론에서 파문당했고, 음의 소득세제를 주장했던 진보적 경제학자들은—적어도 1970년대 초에 일시적으로는—보편적 급부제 쪽으로 선회했으며, 결과적으로 그들은 실패했으니 말이다. 이것은 '기본'의 뼈아픈 패배 사례라고 하지 않을 수 없다. 현실에서 패배한 것도 뼈아프고, 음의 소득세제가 내포하는 역사의 진보를 자기 것으로 전유하는 데 실패한 것도 뼈아

프다.

음의 소득세제의 현실성

음의 소득세제가 원리적으로는 현대적인 소득보장제도의 근간이 될 수는 있지만, 이를 현실화하기 위해서는 많은 난관을 거쳐야 한다. 무엇보다 소득세는 주로 부자들을 겨냥한 것이다. 따라서 과세 당국이 일차적으로 파악하고자 하는 소득도 부자들의 것이다. 반면, 현재 우리나라에서도 소득은 거두지만 소득세를 단 1원도 내지 않는 사람이 수백만 명을 헤아린다. 최근 보도에 따르면 근로소득을 거두는 사람 중에서 37%가 근로소득세를 내지 않는다. 면세자가 이렇게나 많다는 것도 문제지만, 그와 별개로 세정 당국이 이런 면세자들의 소득을 정확히 파악할 필요가 있을까? 세정의 관점에서 보면, 저소득층은 일자리가 불안정하고 한꺼번에 여러 일을 동시에 하는 경향(이른바 '엔잡n-job')도 있어서 소득을 파악하는 데 큰 비용이 드는 반면 정확한 소득 파악을 통해 얻을 수 있는 세수입은 미미하다. 다시 말해, 소득 파악이 다소 부정확해서 세금을 내야 할 사람이 내지 않게 되더라도, 그로 인한 세수 손실은 거의 무시할 정도일 것이고, 따라서 굳이 큰 비용을 들여 그들의 소득을 정확히 파악할 필요가 없다.

그러나 국가에 의해 소득을 보장받아야 할 사람들은 대체로 저 수백만 명에 속할 가능성이 크다. 이들에게 제도를 통해 얼마를 채워줘야 할까? 이를 알기 위해서는 그들의 소득을 정확히 파악해야 한다. 이렇게 소득 파악의 포괄성과 정확성이 담보되지 않는다면 음의 소득세제는 효과적으로 실행될 수 없다.

결국 이런 종류의 문제들 때문에 음의 소득세제라는 표제 아래 둘 수 있는 1960~1970년대의 다양한 제안들이 경제학자들의 논쟁 속에만 머물게 된 것이라고 할 수 있다. 최근 우리나라 정부도 코로나19에 대응하면서 2020년 5월에 보편적 급부 형식의 '긴급재난지원금'을 시행하기도 했는데, 사실 이는 그것이 최선이어서라기보다는 피해를 본 국민들의 개별적인 소득 및 피해 정도를 파악하기가 어려워 선택된, 불가피한 고육지책에 가까웠다(이에 대해서는 6장에서 자세히 다룬다). 따라서 이 문제를 겪은 뒤, 정부 내에서 국세청을 중심으로 저소득층 및 자영업자들의 소득을 빠르고 정확하게 파악하기 위한 제도 보완 움직임이 벌어진 것은 당연한 수순이었다고 하겠다.

그렇다고 해도, 음의 소득세제가 현실성을 전혀 얻지 못한 것은 아니다. 대표적인 사례가 미국의 근로장려세제earned income tax credit, EITC다. 이는 근로를 하기는 하지만 소득이 적어 생활이 어려운 '근로빈곤working poor' 가구에 생계비를 보조해주는 제도로, 1975년 미국에서 처음 도입된 뒤 1992년 캐나다SSP, 1999년 영국WFTC, 2000년 프랑스PPE 등을 거쳐 우리나라(근로장려금)에서도 2009년부터 시행되고 있다. 이 제도의 대상이

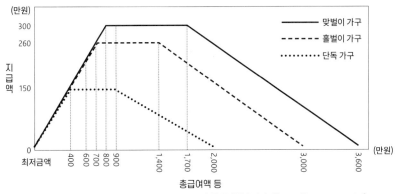

〈그림 3-3〉 한국의 근로장려금제도(2022년)

출처: 국세청 홈페이지(https://www.nts.go.kr/).

되는 이른바 '차상위계층'은 빈곤층을 대상으로 한 기초생활보호제도의 혜택을 받지 못하기 때문에, 이들에게는 '차라리 일을 그만두고 생계보장이나 받을까?' 하는 유혹이 늘 도사린다. 따라서 EITC는 근로빈곤 가구의 소득을 높여줌과 동시에 해당 가구 구성원들이 계속해서 근로를 할 수 있는 유인을 제공하는 것을 목표로 설계되어 있다. 〈그림 3-3〉은 현재 우리나라 근로장려금제도를 단순 도식화한 것이다. 여기서 보듯 EITC는 가구의 구성에 따라 지급액과 지급 방식이 조금씩 다른데, 처음에는 소득이 증가함에 따라 지급액도 늘어나다가 소득이 일정 수준을 넘어서면 지급액이 다시 줄어드는 구조를 띠고 있다. 맞벌이 가구의 경우 지급액이 최대 300만 원에 이른다.

EITC는 근로 가구만을 대상으로 한다는 점에서 완전한 음의 소득세제라고 하기는 어렵다. 그러나 첫째, EITC가 소득세제를 통해 저소득층에 대한 소득보조를 꾀하는 것은 분명하며, 현실의 제약들 아래서 음의 소득세제가 취하는 하나의 실현 형태라고 할 수 있다. 그럼에도 둘째, EITC는 계속해서 그 포괄 범위를 넓혀나가고 있다. 이미 우리나라에서 노동자뿐 아니라 자영업자도 이 제도의 혜택을 받고 있으며, 사람들의 소득원이 다변화하는 오늘날의 현실에서 향후 저소득층에 대한 소득 파악이 좀 더 완전해지면 제도의 포괄 범위는 더욱 넓어질 것이다.

바로 그렇기 때문에, 음의 소득세제와 EITC가 그 기능적 본질과는 무관하게 특정 정치세력(=보수)의 정책으로 자리매김하고 있는 것은 매우 유감스러운 일이다. 실제로 이 정책들이 1960년대 미국에서 사회 개혁과 빈곤 퇴치를 향한 대중적 열망에 대한 닉슨-포드로 이어지는 공화당 정부의 대안으로 제시되었던 것은 사실이다. 또한 이후에도 불평등 심화에 따라 대중의 임금 인상 요구가 비등해지는 시기에 정치적 보수파가 '최저임금 인상 vs. EITC 인상'과 같은 다분히 정치적인 구도를 내세워 노동자들의 임금 인상 요구를 무마하려 했던 것도 사실이다. 하지만 정책을 '누가' 주장하는가가 아니라 그 정책이 '어떤' 역할을 하는가를 놓고 본다면, 음의 소득세나 EITC는 18세기 말 이래 제기된 '기본'의 문제의식을 나름대로 수용해서 발달한 제안들이라고 하는 것이 마땅하며, 인류의 의식이 고양되고 소득 파악 등을 위한 기술들이 향상

1부. 기본소득의 과거: 세 번의 전투, 세 번의 패배

됨에 따라 그 현실성과 효능도 커지는 중이다.

1부를 마무리하며: '기본'의 역사적 재구성

지금까지 우리는 '경제의 대위기-산업혁명-기본 요구'라는 구도 아래 논의를 전개해왔다. 즉 자본주의의 역사를 돌아보면 경제가 발달하는 과정에서 전반적인 자본의 수익성 악화를 동반하는 큰 위기가 주기적으로 닥치곤 했는데, 궁극적으로 이는 산업 전반의 대규모 재편, 즉 '산업혁명'을 통해서만 극복될 수 있었다. 여기서 산업혁명이란 생산 체계를 가동하는 동력원의 변화(증기력→전기력)나 생산설비의 작동 방식의 변화(기계식→전자식)와 같이, 어느 한 분야가 아닌 경제 전반을 갈아엎을 정도의 변화를 동반하는 일련의 혁신을 의미한다. 이와 같은 위기와 재편의 과정에서 경제와 사회가 크게 흔들리면서 대중의 삶도 위태롭게 되곤 했는데, 그럴 때마다 '기본' 요구가 각별하게 부상했다.

하지만 기본 요구가 '기본'론자들에게만 국한된 건 아니었다. 지금까지 우리가 '기본'이라고 부른 것은 모든 시민에게 똑같은 액수의 소득(정기적인 기본소득) 또는 자산(일회성의 기본자산)을 지급함으로써 대중의 삶의 안정성 보장을 도모해야 한다는, 서유럽과 북미에서 토머스 페인 이래 제시된 주장을 가리킨다. 그러나 대중의 삶을 보장하는 데는 다양한 방식이 있을 수 있고, 실제 역사에서는 '기본'론이 주장한 것과는 다른 방식이 실현되었다—처음에는 임노동 체제의 확립과 근로조건의 점진적 개선을 통해, 그리고 나중엔 국가의 유례없이 적극적인 역할을 통해. 전자는 노동자계급의 단결된 역량이, 후자는 정치와 경제에서 민주주의를 구현하고자 하는 시민적 역량이 발휘된 결과였다.

이 글에서는 위와 같은 역사의 전개를 두고 '기본'의 패배라고 했다. 하지만 그러한 역사를 만드는 데 '기본'의 기여가 없었다고 할 필요는 없다. 보편적이고 안정적인 임노동제의 점진적 확립, 국가의 복지국가로의 재구성, 그리고 소득세제를 활용한 정밀한 소득보장제도 구성 등은 비록 '기본'이 원했던 것은 아니지만 그러한 역사적 진보를 이루는 데 '기본'도 나름의 힘을 보탰다고 하는 것이 정당하다. 역설적인 것은, 그동안 '기본'의 이러한 기여를 부정하는 데 누구보다 열심이었던 이들은 바로 '기본'론자들 자신이었다는 점이다. 오늘날까지도 복지국가 확대에 반대할 뿐만 아니라 그동안 애써 일궈낸 복지국가의 근간을 허물어서라도 기본소득의 재원을 확보하고자 하는 게 누구인가? 여전히 대다수 인민의 소득원으로 기능하고 있는 임금의 의의를 실제 이상으로 축소시키고 있는 것은 누구인가? 음의 소득세제를 자신과 대척점에 두고 애서 대립 구도를 만들어내고 있는 것은 또 누구인가?

'기본'이 자신의 성과를 부정해온 것은, '기본'이 그 역사를 통틀어 자본주의 체제의 발달이라는 현실을 제대로 이해하지 못했다는 것과 긴밀하게 연관되어 있다. 이 체제가 어떠한 내적 메커니즘을 통해 수많은 폐해를 만들어내는지도, 그리고 자신이 야기한 문제를 해결하는 방법 또한 제한적으로나마 자본주의가 스스로 만들어왔다는 것도 '기본'은 온전히 이해하지 못했다. 말하자면 그동안 자본주의는 문제이자 해결책이었고, 스스로 제기한 문제를 (불완전하게) 해결하면서 자본주의는 변모해왔다—이것을 '기본'은 충분히 음미하지 못했다.

'기본'의 역사, 즉 나름대로 현실의 발달에 기여했으나 자신의 기여를 스스로 부정한 그 과정은, '기본'이 재구성되는 과정이기도 했다. 이 점은 초기의 '기본' 주장과 오늘날 '기본'의 대명사로 여겨지는 기본소득론을 슬쩍 비교해보기만 해도 명확해진다. 앞에서 우리는 '기본'의 중요한 성격으로 즉자성을 꼽았다. '기본'은 즉자적인 요구이기 때문에, 거기에 대단히 심오한 내용이 있는 것도 아니고, 어떤 주장을 내놓기 위해 특별히 알아야 할 '지적 전통'이 있는 것도 아니다. 누구나 자신이 느끼는 문제의식을 담아서 저마다의 '기본'을 주장할 수 있었다. 그러니 '기본'이 상이한 시기에 보장된 최소치, 부랑자 임금, 시민배당, 사회신용, 데모그란트 등 여러 다른 이름으로 불렸다는 것은 놀랄 일이 아니다.

이에 비해, 오늘날 기본소득을 옹호하는 사람들은 기본소득을 매우 엄밀하게 정의한 뒤, 무엇이 기본소득이고 무엇이 기본소득이 아닌지를 구별하는 데 상당히 공을 들이는 것 같다. 흔히 기본소득은 '한 사회의 모든 개인에게 아무런 조건 없이 정기적으로 지급되는 정액의 현금'으로 정의되는데, 기본소득의 옹호자들은 여기 나오는 '모든' '개인' '조건 없이' '정기적으로' '정액의' '현금' 등이 모두 기본소득의 개념을 구성하는 핵심적인 요소라고 주장한다. 그리하여 엄밀한 논자들은 이 가운데 어느 하나라도 충족되지 않는 급부는 기본소득이 아니라고 할 정도다. 하지만 지금까지 우리가 검토한 '기본'의 역사에서는 그 누구도 '기본'을 이런 식으로 정의하지 않았다.

그렇다면 오늘날의 저 엄밀하고 독특하기 그지없는 기본소득의 규정은 어디에서 나온 것일까? 결국 그것은 이번 1부에서 검토한 '기본'의 발달 과정의 결과물이라고 봐야 할 것이다. '기본'은 그 여정을 통해 끊임없이 되살아나면서 현실의 발달에 기여했으나, 오늘날 '기본'의 대명사로 남아 있는 기본소득론은 임노동제나 복지국가, 그리고 소득세제 등과 결합함으로써 한층 더 정교해진 소득보장제도의 의의를 애써 축소하면서, 심지어 이런 제도들의 형성에서 자신이 행한 기여까지 부정해가면서 스스로 자신을 매우 편협한 방식으로 재구성해온 것이다. 과연 이런 식으로 구성된 기본소득에 어떠한 현실성이 있을까? 그것은 흔히 주장되는 대로 '4차 산업혁명'이 일반화한 미래 경제의 분배 체계가 될 수 있을까? 이제부터는 이런 문제들을 다뤄보도록 하자.

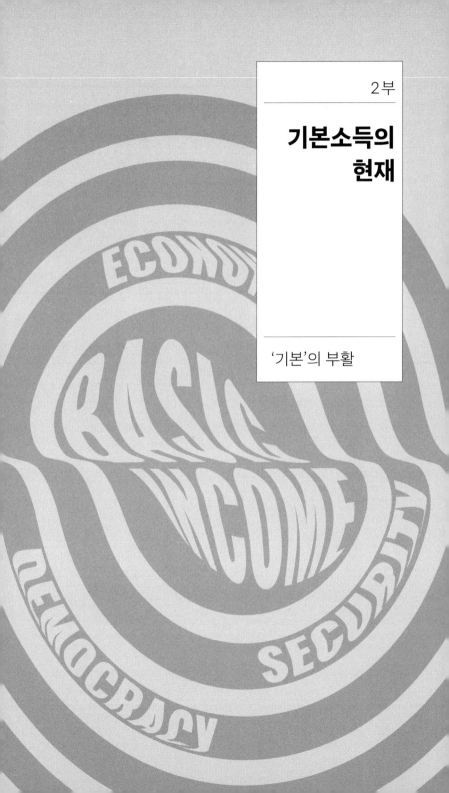

2부

기본소득의
현재

'기본'의 부활

4장

기본소득, 몽상에서 현실로?

1부에서 우리는 1800년 언저리부터 서유럽과 북미를 중심으로 등장한 한 가지 독특한 주장의 역사를 살펴보았다. 그 주장이란, 사람이 기본적인 삶을 유지하는 데 필요한 최소한의 경제적 자원을 사회가 그 구성원 모두에게 보장해주어야 한다는 생각이다. 이런 생각은 1800년 이전에는 좀처럼 찾아보기 어려운 것이었다. 가난한 이웃을 돕는 것이야 언제나 권장할 만한 일이었지만, 그것을 의무화하는 것은 신성한 재산권에 대한 심각한 침해로 여겨졌다. 부자가 천국에 가는 것은 낙타가 바늘귀를 통과하기보다 어려우니 가난한 이들에게 자선을 베풀라는 성서의 가르침이 있기는 했지만, 그건 어디까지나 개인이 선택할 일이었다. 요즘 식으로 이것을 '재분배'라고 부를 수도 있겠다. 그러나 1800년에는 재분배 redistribution라는 말도 없었거니와 아리스토텔레스 이래 철학자들의 단골 주제였던 '분배적 정의'라는 것도 요즘 우리가 생각하는 것과는 매우 다른 의미를 지녔었다.[1]

　　그러므로 '사람이 기본적인 삶을 유지하는 데 필요한 최소한의 경제적 자원을 사회가 그 구성원 모두에게 보장해주어야 한다'는 생각이 나타났다는 것 자체가 '진정한 근대'의 출발신호 같은 것이었다. 이런 생각이 처음 본격적으로 출현한 이후 200여 년의 시간이 흐르는 동안 그것은 다양한 이름으로 불렸다. 이름도 다르고 기본을 보장해야 하는 이유와 보장의 방식도 저마다 조금씩 달랐지만, 핵심은 변함이 없었다. 지금까지 이 책에서 그런 요구들을 뭉뚱그려 '기본'이라고 다소 두루뭉술하게 부른 것은 그래서다.

　오늘날 유행하고 있는 기본소득은 바로 이러한 전통의 연장선에 서 있다. 그것은 무엇보다 200년 넘는 시간을 자랑하는 '기본'의 역사이다. '도저히 못살겠다. 최소한의 기본은 보장해달라!' 그러나 1부를 마무리하면서 설명했듯이, 기본소득은 이전의 '기본' 제안들과는 다르게, 상당히 엄밀하게 정의되어 있다. 기본소득은 어떤 점에서 기존의 '기본' 제안들과 비슷하고, 또 어떤 점에서 차이가 나는가?

　'기본소득basic income'이라는 표현은 영국의 경제학자이자 사회사학자 G. D. H. 콜이 1953~1960년 사이에 무려 다섯 권(7책)으로 낸 그의 마지막 저서 《사회주의 사상사A History of Socialist Thought》에서 처음 쓴 것으로 알려져 있다.² 하지만 수천 페이지에 이르는 이 대저에서 '기본소득'이라는 구절은, 푸리에(주의)의 특징을 설명하는 제1권의 한 대목에서 딱 한 번 등장할 뿐이다. '개념어'도 아니고 사태를 묘사하는 술어로 슬쩍 모습을 드러낼 뿐이다. 그러니 기본소득이 하나의 개념어의 지위와 고유의 정의를 획득하는 것은, 그리하여 '기본'의 대명사로 자리를 잡기 시작한 것은 서유럽에서 1980년대 이후의 일이라고 하는 게 정당하다.³

　바로 그러한 기본소득의 인기가 최근 하늘을 찌를 듯하다. 그것을 생소하고 좀 황당무계하지만 한번 시도해볼 만한 것으로 여기는 사람이 늘어나고 있다. 그래서인지 기본소득은, 세계 곳곳에서 관련 실험이 잇따르고, 이제는 많은 나라의 제도정치권에서도 무시할 수 없는 의제로 성장했다. 2부는 바로 그러한 기본소득을 중심으로 펼쳐지고 있는, 오늘 한국에서 '기본'의, 그러니까 기본소득 논의의 현주소를 진단하는 것을 목적으로 한다.

왜 지금 기본소득인가: 기본소득론이 그리는 세상

기본소득론은 모든 시민에게 무조건 얼마씩을 정기적으로 나눠주자는 생각이다. 우리나라의 연간 1인당 국민소득이 3,600만 원이라면, 모든 개인에게 해마다 3,600만 원씩 나눠주자는 게 기본소득론이다. 전체 국민소득 가운데 일부는 정부나 공공기관에 의해 공적 정책 수행을 위해 쓰여야 하고 생산설비의 유지·보수나 추가적인 자본투자 등에도 들어가야 할 것이니, 그런 부분은 개인에게 나눠주지 않아도 좋을 것이다. 또한 개인의 소득 중에는 그가 시장에서 능력껏 벌어가는 부분도 있을 테니, 연간 기본소득은 1,200만 원 정도가 될 수도 있다. 그러면 한 달에 100만 원이다. 하여간 이렇게 무조건 나눠주자는 것, 그것이 기본소득이다.

왜 이런 소득이 필요한가? 특별히 가난한 일부 사람들에게 제공되는 빈민수당은 우리에게 익숙하다. 기본소득은 그런 소득을 모두에게 주자는 주장이다. 왜 그래야 하는가? 지금까지 논했던 대로다. 살기 힘든 사람들이 너무 많아져서다. 부익부 빈익빈, 불평등이 지나치게 커졌고, 그것이 사회의 통합을 어렵게 하고 있다. 이제는 우리나라도 선진국이 되었다고 하는데, 언제부터인가는 먹을 것이 없어서 사람이 죽었다는, 한동안 사라진 줄 알았던 뉴스가 종종 들려오고 있다. 이렇게 한쪽에선 사람이 굶어 죽는데, 반대쪽에선 과로로 죽는다. 이 두 극단 사이에서 수백만 명의 사람들이 실업보험 등 '사회안전망'의 보호를 전혀 받지 못하면서 불완전고용 상태에 내몰려 있다. 특히 청년의 일자리 문제가 심각하다. 줄어드는 양질의 일자리를 두고 무한경쟁을 하다 보니 우리 청년들의 심성도 계속해서 각박해져만 가는 것 같다.

기본소득은 이런 현실에 대응하는 최상의 특효약이라고 옹호자들은 말한다. 물론 우리에게 조금 더 익숙한 형태의 복지제도들이 있기는 하다. 빈곤층을 대상으로 한 복지수당, 청년 일자리를 위한 직업훈련, 일자리 알선, 임금보조 등이 그것이다. 그러나 기본소득론자들이 보기에 이런 정책들로는 어려움에 처한 사람들을 효과적으로 도울 수 없다. 소득·자산심사를 통해 대상자를 가려내고 개인이 아닌 가구를 단위로 지원을 제공하다 보니 필연적으로 '사각지대'가 발생한다. 실업보험과 같은 사회보험제도는 고용 이력이 없고 (그래서) 보험료를 납부하지 않은 청년에게는 무용지물이다. 빈곤층을 위한 수당제도가 제대로 작동했다면, 굶어 죽는 사람이 나올리가 있겠는가? 청년 일자리를 늘리기 위해 정부가 매년 수조 원을 쓰는데도 청년고용 사정이 나아지지 않는 까닭은 무엇인가? 차라리 그 돈을 'n분의 1'을 해서 청년 모두에게 똑같이 나눠주는 게 낫지 않나? 실제로 이것은 2016년 서울시에서 도입된 청년수당제도의 배후에 깔려 있던 생각으로, 이 정책은 이후 중앙정부의 사업으로 수용되어 전국적으로 실시되고 있다. 이렇게 기본소득은 기존 선별적 복지제도가 발생시키는 폐해를 말끔하게 해결해주는 대안으로 선전되고 있다.

한편 기본소득의 의의는 여기에서 그치지 않는다. 기본소득 옹호자들에 따르면 최근 불평등 심화와 일자리 위기의 근본 원인은 '4차 산업혁명'이다. 인공지능AI을 탑재한 기계장치들이 전통적으로 인간 고유의 기능으로 여겨졌던 일까지 수행할 수 있게 됨에 따라 생산 영역에서 더욱 빠르게 인간은 기계로 대체될 것이다. 이는 단기적으로는 고용의 불안정으로 나타나겠지만, 궁극적으로는 인공지능 기계가 생산 영역에서 인간을 완전히 대체할 수도 있다. 이는 생산력 발전의 결과로서 그 자체로는 바람직한 성격도 있으나, 대다수 사람들이 소득원을 잃게 되는 부작용도 수반한다. 생산에의 참여와 무관한 소득, 노동의 수행과 무관한 소득의 필요성이 제기되는 것은 바로 그래서다. 기본소득은 이러한 필요에 부응하는 미래의 새로운 소득 체계로 제시되고 있다. 이쯤 되면, 기본소득은 단순히 불평등 심화 등 자본주의의 몇 가지 문제에 대한 해결책이 아니다. 그것은 오늘날의 자본주의 문제를 총체적으로 제기하고 또 해소하는 하나의 진보적 대안 패러다임으로 자리매김하고 있다고 하는 편이 더 적절하다.

'기본'의 역사 재고찰:
기본소득론이 말하는 역사 vs. 실제의 역사

'기본' 주장은 대중의 삶의 안정성이 크게 교란될 때 즉자적으로 제기되는 외침이라고 했다. 그런 까닭에, 이제까지 상이한 시기에, 상이한 장소에서 서로의 존재도 모른 채 다양한 '기본' 주장들이 제기되었지만, 그것들 간에는 상당한 유사성이 관찰된다. 즉자적이라는 것은, 후대의 '기본' 주장이 전대의 '기본' 주장들을 염두에 두고서—그 계승으로서든 부정으로서든—제시되는 법이 거의 없었음을 의미한다.

오늘날 '기본'의 대명사인 기본소득론은 다르다. 1980년대 이후 몇몇 서유럽 나라들에서 주로 꼴이 갖춰진 뒤 오늘에 이르고 있는 기본소득론은, 어떤 식으로든 자신의 역사를 자각하고서 제시된 최초의 '기본'론이다. 그러니까 이제껏 우리가 '기본'의 역사라고 한 것은 실제로는 기본소득론자들이 구성해 내놓은 자신의 역사인 셈이며, 이 책의 1부는 바로 그러한 역사를 기본소득론과는 다른 관점에서 비판적으로 평가한 것이라고 보면 좋을 것이다.

1부를 마무리하면서 지적한 대로 기본소득론이 자신의 역사를 인식하는 방식은 매우 위태롭다. 기본소득론이 나름의 역사적 검토를 통해 '기본'의 역사를 발굴해내고, 또 그것을 자신의 역사로 전유하는 것 자체는 긍정적으로 평가할 수 있다. 그러나 그러한 역사적 과정의 산물인 보편적 임노동제, 복지국가, 소득세제를 활용한 정교한 소득보장제도 등의 의의를 인정하는 데는 매우 인색해 보인다. 왜 그럴까? 그뿐만이 아니다. 역사에서 '기본'이 패배하기는 했지만, 그렇다고 위와 같은 제도의 형성과 발전에 '기본'의 기여가 없었다고 할 수는 없다. 20세기 초반 영국에서 제기된 다양한 '기본' 주장들은 노동조합이나 사회정책가들 쪽에서 내놓은 대안들과 서로 일정하게 경합하면서 궁극적으로 복지국가 형성에 기여했다고 보는 게 타당하며, 20세기 중반 미국에서 발달한 음의 소득세제, 그리고 그 초보적인 형태로서의 EITC 또한 분명 당대 '기본' 논쟁의 산물이었다. 그런데도 기본소득론은 이와 같은 자신의 기여마저도 좀처럼 인정하지 않는다. 왜 그럴까?

단적으로 말해, 1980년대 이후 새로 구성된 현대적인 기본소득론은 자신의 역사를 일종의 '선악 구도'로 해석하는 경향이 있기 때문이다. 토머스 페인을 시점으로 '기본'이라는 이상理想이 주기적으로 제시되었으나 그 이상은 현실에서 힘이 센 노조와 공산주의자, 복지국가론자 또는 국가(만능)주의자, 신자유주의 세력 등에 의해, 또는 아직 기술적 여건이 무르익지 않은 이유로 좌절되었다는 식이다. 이러한 역사관에서는, '기본(소득)'의 이상이 부분적이고 점진적으로, 때로는 '기본'과는 이질적인 계열의 제도들과 섞이기도 하면서 실현될 수 있다는 생각이 끼어들기 어렵다. '기본'은 거의 완성된 모습으로 늘 거기에 있었고, 오랜 기간 박해받다가 마침내 때가 되면 메시아가 이 땅에 재림하듯이 승리할 것이다.

그러므로 기본소득론 입장에서는 '왜 지금 기본소득인가?'라는 질문이 매우 중요하며, 기본소득론이 "여태까지는 이러저러한 이유로 기본소득의 이상이 좌절되었지만 '지금'이야말로 그것을 실현하기에 적기다"라는 논리구조를 취하는 것은 매우 흔한 일이다. 실제로 기본소득 옹호자들은 기존 복지자본주의의 과잉 및 폐해 극심화, 개인의 욕구 다변화, 기계화·자동화 진전에 따른 일자리 감소, 예술이나 비평같이 사회적으로 유용하지만 시장 논리로는 보상받지 못하는 활동들의 존재 및 증식 등을, 오늘날 기본소득의 완전한 실현을 더는 미룰 수 없게 만드는 조건들로 나열하곤 한다.

그러나 그와 같은 현상이 1980년대 이후에 처음 나타난 것도 아니고, 어떤 면에서 현실은 그와 정반대에 가까웠다. 무엇보다 복지국가는 '한계'에 부딪혔다기보다는 1980년대 이후 약화하고 변형되었다. 그 결과 국가가 공급하는 재화·서비스의 양과 질이 떨어졌고, 일부 복지제도에서는 고용 연계성이 그 수혜 조건으로 단단히 묶이면서 애초의 취지가 퇴색되기도 했다. 이와 같은 복지국가의 후퇴는 일반적인 복지뿐 아니라 다양한 활동에 대한 국가 지원의 축소를 의미하기도 한다. 그에 따라 직접적으로 자본 관계에 종속되지 않았지만 국가의 지원으로 유지되어온 다양한 '가치로운' 활동들이 타격을 입게 되었다. 오늘날 기본소득을 가장 필요로 하는 집단으로 꼽히곤 하는 예술가와 비평가, 인문·사회과학자는 그 주된 피해자다. 끝으로, 기계화·자동화의 진전에도 불구하고 일자리는 줄어들기보다는 늘어났다. 로버트 시오볼드나 존 메이너드 케인스도 일찍이 일자리 축소·소멸을 예측했지만 틀린 것으로 판명 나지 않았는가. 1980년대 이후 일자리 현황을 묘사하는 좀 더 정확한 용어는 '양극화'다. 저임금·저질의 일자리가 급속도로 증식했다. 왜 이런 일이 벌어지는가? 많은 전문가들이 입을 모아 꼽는 원인은 기계화·자동화 진전과 더불어 세계화에 따른 자본 간 경쟁의 격화 및 노동조합의 약화다. 그러나 어떻게 보더라도 적어도 지금까지는 기계화·자동화가 일자리를 줄였다는 증거는 뚜렷하지 않다.

기본소득 개념(정의) 재검토:
복지국가에 대한 반발로서 기본소득론

결국 기본소득의 그 독특한 정의도 위와 같은 왜곡된 인식의 산물이라고 볼 수 있다. 기본소득이 그 자신의 역사에 대한 반성에 입각해 정의되었다는 것 자체는 바람직한 일이다. 그러나 방금 살펴보았듯이 그 반성은 왜곡된(!) 반성이며, 그 결과 기본소득 정의에는 기본소득론이 자신에 대립하는 제도로 인식하는 보편적 임노동제, 복지국가, 소득세제를 활용한 정교한 소득보장제도 등으로부터 자신을 차별화한다는 취지만이 강하게 배어 있을 뿐이다. 1980년대 이후에 재구성된 기본소득을 '한 사회의 모든 개인에게 아무런 조건 없이 정기적으로 지급되는 정액의 현금'으로 정의했을 때, 여기

등장하는 '모든' '개인' '조건 없이' '정기적으로' '정액의' '현금' 등의 단어들이 모두 그러한 취지를 담고 있다. 그러니 기본소득론자들이 이와 같은 규정 하나하나에 유난히 집착하는 것도 이해 못 할 일은 아니다.

이런 식의 정의는 앞서 우리가 검토한 '기본'의 역사에서는 찾아보기 어려운 것이다. 먼저 노동과 관련해 기본소득론과 기존의 '기본'론 간에 커다란 시각차가 있음을 확인하자. '기본'의 선조인 토머스 페인에서부터 '기본'의 두 번째와 세 번째 물결의 대표주자인 데니스 밀너, 줄리엣 리스-윌리엄스, 밀턴 프리드먼, 제임스 토빈에 이르기까지, 대다수의 '기본' 논자들은 '기본'의 보장이 사람들의 근로의욕을 고취하는 데 도움이 될 거라고 주장했다. 물론 여기서 근로란 통상적인 자본주의적 임노동을 의미하지만, 맥락상 강조되는 것은 임노동이라는 형식보다는 그러한 노동이 한 사회의 물질적 생산력의 근간을 이룬다는 측면이다. 이와 반대로, 오늘날의 기본소득 주창자들은 기본소득이 '노동의 종말'을 앞당기는 기폭제가 될 거라고 말한다. 이는 버트런드 러셀이나 로버트 시오볼드와 같은 선례를 꼽을 수는 있지만, 어떻게 봐도 '기본'의 역사에서 상대적으로 '소수파'의 주장이다.

위 차이는 곧장 액수에 대한 견해차로 이어진다. 페인과 스펜스 이래 대체로 '기본'은 '최소한'의 보장을 요구해왔다. 반면 최근 들어서는 '충분성'이 강조되는 추세다. 이유는 간단하다. 이른바 '4차 산업혁명'이 일반화해 인간의 일자리가 인공지능을 탑재한 기계에 의해 완전히 대체된다는 것은, 대부분의 사람들이 가장 주된 소득원을 잃게 됨을 의미할 것이기 때문이다. 이런 이들에게 필요한 게 기본소득이며, 이때 기본소득은 한 인간이 그것만으로도 충분히 삶을 유지할 수 있을 정도여야 할 것이다. 말이 안 되는 것은 아니다. 언젠가 이런 세상이 올 수도 있겠다. 그러나 지금과 같이 생산에서 인간의 자리가 어떤 식으로든 계속 유지되는 동안에는 '충분성'이 높은 설득력을 갖지는 못할 것이다.

다음으로, '모든' '개인' '조건 없이' '정기적으로' '정액의' '현금' 등의 규정들을 보자. 보통 한 사물의 규정은 다른 사물과의 차별화를 통해 이루어진다. 그렇다면 이 규정들은 무엇으로부터 기본소득을 차별화하는가? 기존의 복지국가로부터다. 그러나 복지국가로부터의 차별화 이상의 의미를 거기에서 찾을 수 있을까? 관건은 위 규정들로 정의된 기본소득제가 그 반대편에 있는 복지국가 제도들보다 우월하냐 여부다. 왜 급부의 지급 단위가 개인이어야 하는가? 왜 조건이 붙으면 안 되는가? 왜 현금이어야 하는가?

많은 복지제도가 가구 단위로 설계되어 있다(예: 빈곤수당 제도). 수급 자격 판정도 실제 수당의 지급도 가구 단위로 행해진다. 현실의 경제활동이 대체로 가구 단위로 이루어지고 있다는 점에서, 이러한 관행은 현실에 부합한다고 할 수 있다. 그렇다고 그 제도가 완벽할 순 없다. 여러 가지 사정으로 수당이 가구 내 구성원들 사이에서 적절히 분배되지 않을 수도 있고, 지급된 수당의 집행 과정에서 가구원 개개인의 자유가 침해될 수도 있으니 말이다. 이러한 문제 때문에 기본소득론자들은 그러한 수당은―그리하여 기본소득도―개인을 단위로 지급되어야 한다고 주장한다. 그렇게 되면 정말 더 좋을까? 가구 내 분배의 문제야 발생하지 않겠지만, 다른 문제가 생길 수 있다. 무엇보다 그것은 실행이 매우 어렵다. 다섯 살도 안 된 어린 자녀에게 국가가 실질적으로 어떤 방법으로 기본소득을 지급할 수 있겠는가? 가구 간의 형평성 문제도 제기될 수 있다. 개인을 지급 단위로 하면 4인 가구의 월간 기본소득 총액은 1인 가구의 4배일 것이지만, 전자의 표준 생계비는 규모의 경제 덕분에 후자의 표준 생계비의 4배보다 훨씬 적다는 게 상식이다. 이는 명백히 1인 가구에 대한 차별이고, 국가가 대놓고 국민에게 결혼해서 애를 낳으라고 강요하는 것이나 마찬가지다.

'무조건성'도 기본소득의 흥미로운 특징으로, 이 또한 많은 기존의 복지국가 제도들이 그 혜택을 받기 위해 각종 성가신 조건을 채울 것을 요구하는 것과 대조된다. 빈민수당 수급자가 되려면 소득자산조사means test를 거쳐 국가로부터 '빈민 인증'을 받아야 하고, EITC를 받으려면 억지로라도 어디든 고용되어 저임금 노동이라도 해야 하며, 실업수당을 받으려면 구직활동에 성실히 임했음을 스스로 입증해야 한다. 이렇게 가난하다는 것을, 무능하지만 비참한 노동을 하며 가난에서 벗어나고자 안간힘을 쓰고 있음을 스스로 증명하지 않으면 정부나 지자체로부터 수당을 받을 수 없다. 그 모든 입증 책임이 수급 대상자에게 있음은 물론이다. 그리하여 누가 어떤 수당을 받는다는 것은 그가 가난하거나 경제적으로 무능하거나 게으르다는 표시, 그러니까 사회적 낙인으로 간주되기도 한다.

이에 비해 기본소득에는 아무런 조건이 붙지 않는다. 대기업 총수부터 엘리트 회사원, 홈쇼핑 운영자, 주부, 주정꾼 동네 아저씨까지 누구나 기본소득을 받기에, 기본소득을 받는다는 게 한 개인에 대해 말해주는 것은 거의 없다. 조건이 붙지 않았으므로 기본소득은 보편적일 수밖에 없다universal. 이런 성격을 강조하기 위해 어떤 이들은 기본소득을 '보편적 기본소득UBI: universal basic income'이라고 특정해 부르기도 한다.

이러한 무조건성과 보편성은 흔히 기본소득의 특장점으로 선전되곤 하지만, 사실상 그것은 '반쪽짜리' 무조건성과 보편성이다. 돈을 줄 때야 '모두에게 똑같이 100만 원' 식이지만, 그것이 가능해지려면 모든 시민의 재산과 소득에 대한 면밀한 조사와 파악을 통해 지극히 차등적이고 누진적인 세금 징수의 과정이 선행되어야 하기 때문이다. 그리고 이러한 세금 징수의 과정이 공정하지 않다면, 즉 나보다 재산이나 소득이 많은 사람이 나보다 적게 내고 있다면, 저 '모두에게 똑같이 100만 원'도 공정하지 않은 게 된다. 그러므로 저 공정한 분배제도는, 그 이상으로 공정한 조세제도가 확립되기 전에는 불가능한 꿈에 불과하다. 그런데 정말로 국가가 모든 시민의 재산과 소득을 매우 정확하게 파악하여 대부분이 만족할 수 있는 조세제도를 시행할 수 있다면 어떨까? 이렇게 세금을 걷는 과정에서 수집한 정보를 소득보조 정책을 행하는 과정에서 사용하지 않을 이유가 있는가? 왜 '모두에게 똑같이 100만 원'이어야 하는가? 없는 사람에게 더 주는 게 낫지 않나? 기본소득론자들은 기본소득만 있으면 사람이 굶어 죽지도 않고 빈곤이 사라질 것처럼 주장하지만, 거기엔 별다른 근거가 없다. 빈곤은 그렇게 해서 없앨 수 있는 게 아니다. 혹시 기본소득제의 '무조건성'은, 조건을 따질 수 있는 기술적 여건이나 정치적 수단이 확보되지 않았던 과거에나 통용될 수 있었던 게 아닐까?

그 밖에 '정기적으로' '정액의' '현금' 등도 통상적인 복지국가를 겨냥한 규정들로 보인다. 각각의 규정과 관련하여 이제까지 기존의 복지국가가 일정한 문제점을 노출해온 것은 사실이다. 이를테면 학교에서 학생들에게 똑같은 디자인의 학용품을 나눠주는 것보다는 각자에게 일정액의 현금을 지급하여 각자가 원하는 제품을 구매할 수 있도록 하는 게 나을 수 있다. 하지만 주거나 의료에 대해서도 그렇게 말할 수 있을까? 기본소득론이 기존의 복지국가론에 대해 제기하는 이상의 문제들, 너무 시시콜콜하지 않나?

기본소득론 해부: '(선별적) 징발'과 '(보편적) 지급'

이제 기본소득론의 내적 구조를 뜯어보자. 이를 기본소득론의 '해부학'이라고 해도 좋을 것이다. 먼저, 기본소득론은 경제적 자원의 '보편적 지급' 및 그 재원 마련을 위한 '선별적 징발'이라는 두 단계로 구성되어 있음을 확인하자. 일정한 경제적 자원의 '보편적 지급'이 주장의 핵심을 이루고, 여기에 필요한 자원을 조달하기 위한 다양한 방책이 보조적으로 제시되는 형식을 취한다. '모두에게 기본을 보장해주자. 지대를 걷어서 재원을 마련하면 된다'라는 식이다. 이렇게 나눠놓고 보면, 기본소득의 인기는 대체로 '모두에게', 그리고 '똑같이' 나눠준다는 부분에서 유래하는 것처럼 보인다.

그러나 겉보기와는 다르게 기본소득론에서 핵심을 이루는 것은 '(선별적) 징발' 부분이다. '보편적 지급'이라는 게 기본소득론만이 내세우는 독특한 급부 지급 방식임은 분명하다. 하지만 이 독특성은 기본소득론이 징발 대상으로 상정하는 자원의 성격에서 유래함을 눈여겨봐야 한다. 주지하듯이 전통적으로 '기본'론은 토지에서 나오는 지대를 징발 대상으로 삼았다. 왜 그런가? 비록 현실에서는 토지가 특정 집단에 의해 사유화되어 있어서 그로부터 나오는 소득도 토지의 소유자가 독점하지만, 본래 토지와 같은 자연은 인류 모두가 동등하게 소유권을 갖는 자원이기 때문이다. '기본'론자들이 모든 지대는 공동체에 의해 회수되어야 한다고 주장하는 것은 이런 생각에서 근거한 것이며, 회수된 지대는 당연히 공동체의 모든 구성원에게 동등하게 배분되어야 하는 것이다. 부자도 빈자도 토지와 자연에 대하여 '1인분'만큼의 권리가 있으니 그만큼의 '기본소득'을 얻는 게 당연하다. 나이에 따른 액수 차등? 당치도 않다. 그러한 차등은 '필요'의 원리에 입각한다면 정당화되겠지만 지금은 아니다. 이러한 보편 지급은 분명 매우 독특한 수당 지급 방식이다. 그런데도 그것이 당신에게 이물감 없이 다가온다면, 이는 상당 부분 위에서 설명한 징발과 지급 간의 논리적 필연성 때문일 것이다.

이상과 같은 '기본'론의 내적 구조, 즉 징발과 지급 간의 독특한 관계는 오늘날에도 대체로 이어지고 있다. 오늘에 와서 징발 대상이 되는 수입의 종류가 늘어났다는 정도의 차이가 있을 뿐이다. 전통적인 '기본'론이 기본소득의 재원으로 토지에서 나오는 지대를 주로 언급하는 반면, 오늘날의 기본소득론에서는 빅데이터나 플랫폼 등에서 나오는 수익, 또는 탄소세나 기타 환경세도 지대와 더불어 기본소득의 재원으로 꼽히곤 한다. 빅데이터나 플랫폼은 최근 등장한 새로운 비즈니스 영역이지만, 아마존이나 구글 같은 대표적인 플랫폼 기업들은 전 세계 기업 순위에서 최상위에 속할 정도로 그 성장세가 매섭다. 하지만 플랫폼이란 사실 '멍석'일 뿐이고, 그 가치는 거기 모인 사람들의 상호작용에서 나온다고 해야 할 것이다. 빅데이터도 마찬가지다. 데이터 산출의 기반이 되는 인간들의 행위 및 상호작용이 그 가치의 실체다. 그렇다면 빅데이터나 플랫폼에서 발생하는 수익의 주인은 그 상호작용의 주체인 대중이라고 해야 하지 않을까? 비록 현실에선 몇몇 기업들이 그것을 독점하고 있다고 해도 말이다. 따라서 만약 정부가 그러한 수익을 징발해내는 데 성공한다면, 그것은 그 원래의 주인인 '우리 모두'에게 동등하게 분배되는 것이 순리에 부합하는 것으로 보일 수 있다.

이상과 같은 기본소득론의 특징은 그간 거의 주목받지 못했다. 옹호자들은 기본소득이 아무런 조건 없이 모두에게 똑같이 지급되므로 평등주의적일 뿐 아니라 사각지대나 낙인효과를 낳지 않는 우수한 제도라고 선전한다. 그러나 기본소득의 보편성은 그것이 특별히 평등을 지향하기 때문에 부여된 성격이 아니다. 이는 처음부터 그것이 징발 대상으로 삼은 자원의 성격에 의해 직접적으로 규정된 것이었지, 인간의 욕구나 필요에 따른 게 아니다. 이 점은 지대나 플랫폼 수익 등의 자리에 다른 자원을 넣어보면 더 쉽게 이해된다. 이를테면, 부자들에게 누진적 소득세제를 적용해 모인 소득세수는 어떨까? 이를 어떻게 재분배하는 게 좋을까? 물론 여전히 모두에게 똑같이 나눠주는 것은 얼마든 가능하다. 하지만 꼭 그래야 할까? 소득수준에 따라 누진적으로 세금을 걷었으니 더 가난한 사람들에게 더 많이 주는 식으로, 즉 '필요'를 기준으로 수당을 설계하는 게 낫지 않을까? 사람마다 생각은 다르겠지만, 소득세 수입을 모두에게 똑같이 나눠줘야 할 당위성이 지대를 그렇게 나눠줘야 할 당위성보다는 낮으리라는 것은 꽤 분명해 보인다.

흥미로운 것은, 오늘날의 기본소득론에선 지대나 플랫폼세뿐 아니라 소득세를 포함한 다양한 세금도 기본소득 지급을 위한 재원으로 고려되는 추세라는 것이다. 아무래도 기본소득제를 제대로 시행하려면 돈이 많이 들기 때문에(우리나라의 경우 모든 국민에게 1인당 월 30만 원의 기본소득을 지급하려면 연간 180조 원의 재정이 필요하다) 그러한 재원 확장은 불가피한 일일 것이다. 하지만 거기엔 커다란 대가가 따른다. 재원 확장 때문에 '모두에게 똑같이'라는 지급 방식의 당위성이 크게 축소되기 때문이다. 기본소득이 지대 등만을 재원으로 했을 때는 바로 그 재원의 성질로부터 보편 지급이라는 방식이 지지받을 수 있었다. 이젠 아니다. 만약 기본소득론자들이 여전히 보편적 지급이 선별적이고 차등적인 지급보다 낫다고 주장하고자 한다면, 그들은 효율성이나 효과성같이 순전히 기술적인 측면에서 보편 지급의 우월성을 입증해야만 할 것이다.

기본소득론과 소유권:
다시 기본소득론의 보수성에 대하여

위와 같은 기본소득론의 내적 구조, 특히 그것이 어떤 자원을 징발 대상으로 삼는지를 염두에 두면, 왜 기본소득론이 소유권과 모순적인 관계를 맺는지를 이해하는 데 도움이 된다.

오늘날 국가가 시행하는 재분배 정책은 흔히 재산권·소

유권을 제한하는 것으로 여겨진다. 이에 반해 기본소득론자들은 기본소득 지급을 위한 경제적 자원의 '(선별적) 징발'이 재산권을 침해하거나 제한하는 게 아니라고 주장하는 경향이 있다. 이유는 위에 설명되어 있다. 기본소득론은 특정 유형의 자산에서 유래하는 소득을 재분배 대상으로 삼는데, 이에 따르면 그 자산은 현실적으로는 특정 집단에 의해 독점적으로 소유되어 있지만 당위적으로는 '우리 모두'의 것이다. 그러니 만약 국가가 그런 자산에서 유래하는 소득을 거둬들여 '우리 모두'에게 똑같이 나눠준다면, 이는 왜곡된 소유제도 때문에 벌어진 분배의 왜곡을 바로잡고 엉뚱한 이들에게 귀속되던 소득을 원래의 주인에게 돌려주는 지극히 정당한 일인 셈이다.

'카이사르의 것은 카이사르에게!' 기본소득론이 징발의 문제를 심각하게 다루지 않는 것도 이러한 정당성과 연결 지어 이해해볼 수 있겠다. 정당한 일이므로 사람들이 그 정당성을 이해하기만 하면 곧장 지대를 거둬들일 수 있다는 듯이 말이다.[4]

그러나 '부자로부터 지대를 걷어 모두에게 나눠주자'라는 기본소득론의 주장이 소유제도와 형성하는 관계가 그리 단순하지는 않다. 먼저, 위에서 내비친 대로, 기본소득론은 재산권에 정면으로 도전하는 것 같지만, 사실은 근대적인— 초기 근대적인—재산권 개념을 충실히 따르는 것이기도 하다. 이에 대해서는 더 이상의 설명은 필요 없으리라. 그러나 애석하게도 오늘의 현실에서 통용되는 재산권 개념에서 그러한 초기 근대의 흔적은 매우 희미하게만 남아 있다. 이미 150년 전 마르크스는 《자본론》에서 존 로크John Locke, 1632~1704 등에 의해 정초된 초기 근대적 소유 개념, 곧 '자기 자신의 노동에 입각한 개인적 사적 소유'가 자본주의 체제가 확립됨에 따라 부정되고 '자본주의적 사적 소유'로 전환했다고 간파한 바 있다.[5] 이 후자의 사적 소유는 자기 노동이 아니라 타인 노동의 착취와 전유에 입각한 것으로, 자본주의 아래서의 각종 법·제도의 근간을 이룬다. 단적으로 말해 그러한 소유제도는, 자본가가 자본을 소유했으므로 이윤을 얻는 게 당연하고, 건물주는 건물을 소유했으므로 임대료를 얻는 게 당연한 소유제도다. 불합리해 보일지언정 우리가 사는 자본주의 사회는 그러한 재산·소유 개념에 입각해 있고, 또 대부분의 현대인은 그러한 재산·소유제도를 당연시하며 살아간다. 그런 의미에서 기본소득론의 초기 근대적 재산·소유관은 이와 같은 현대의 재산·소유관을 반성하는 하나의 계기를 우리에게 제공하기는 하지만, 오늘의 모순을 진취적으로 해소하기보다는 과거 지향적으로 회피하는 성격을 갖는다.

반면 현대적인 재산·소유관이 불합리해 보이기는 하지만, 그것은 또 그 나름대로 그러한 불합리를 교정하는 방식을 배양해왔다. 현대적인 조세 및 재분배 제도가 대표적인 예이다. 3장에서 논했듯이 19세기 말까지만 해도 (누진적) 소득세제는 인간의 자연적 권리에 대한 심각한 침해로 여겨졌다.

그러나 오늘날 공론장에서 누가 그런 소리를 내는가? 20세기 들어 과세와 재분배의 대상이 되는 소득의 범위는 계속해서 늘어났고, 그 정도도 사회적 세력 관계의 양상에 따라 변동은 있었지만 대체로 강도를 더해왔다. 이러한 견지에서 보면, 아무리 기본소득론이 가지고 있는 초기 근대적 재산관이 현대의 재산관의 근간을 뒤흔드는 것처럼 보여도, '본래의 소유자'가 누구인가와 무관하게 나의 필요를 일정 한도 안에서는 얼마든지 충족시켜줄 준비가 되어 있는 현대의 재분배제도가 훨씬 더 품이 넓다. 이미 우리 헌법은 재산권의 제한 가능성, 납세의 의무, 적정한 소득분배를 위한 국가의 경제활동 조정 등을 인정하고 있다. 사실 기본소득론의 재산관은 오늘의 문제를 해결하기에 너무도 부족하다. 기본소득론이 주장하는 대로 '카이사르의 것을 카이사르에게' 돌려주더라도, 빈곤과 불평등은 얼마든지 발생할 수 있기 때문이다. 이때의 빈곤과 불평등은 무슨 근거로, 어떻게 해소하려는가?

이렇게 기본소득론은 소득의 '원인' 쪽을—상당히 독특하고 낡은 방식으로—바로잡자고 하는 데 비해 현대 국가에서 시행되는 수당제도는 소득 불평등이라는 '결과'를 시정하자는 입장이다. 전자에 비해 후자는 급진성은 떨어져 보이지만 더 높은 현실성을 확보하고 있다. 그뿐 아니라 그것은 19세기 초반까지는 찾아보기 어려웠던 현대적인 사회권의 차원에서 옹호되는 것으로서, 재산권과 결은 다르지만 이 또한 오늘날 많은 나라에서 인간의 신성불가침의 기본권으로 선언되고 있다. 혹시 결과를 시정하는 수당제도가 '시혜'로 보인다면, 그것은 이 제도가 입각해 있는 사회권이 덜 확립되었거나 그것의 의미가 적절히 이해되지 못하고 있기 때문일 따름이다. 지금까지 거의 주목받지 못했던 기본소득제와 수당제도의 이러한 차이를 본격적으로 조명한 것은 이 책의 주요한 기여 가운데 하나다.

기본소득론이 사회갈등을 다루는 방식

그럼에도 토지의 가치 가운데 상당 부분이 그 법적 소유자에게 속해서는 안 된다는 생각은, 꼭 기본소득 때문이 아니더라도 우리가 모두 곱씹어볼 만한 소중한 통찰이다. 토지의 지대와 같이 오래전부터 고착화된 영역이야 어쩔 수 없다고 해도, 우리가 사는 세상에는 새로운 착취와 전유의 영역들이 끊임없이 생겨나고 있기 때문이다. 이러한 영역에서는 미리 정해진 규칙이나 법률이 없다. 거기에서는 사람들 사이의 갈등이 '날것 그대로' 벌어지는 경향이 있고,[6] 그러한 투쟁을 통해 새로운 관행과 규칙이 세워질 것이다.

대표적인 예가 빅데이터와 플랫폼이다. 플랫폼의 대표인 다음과 네이버, 아마존과 구글 등은 오늘날 국내외에서 가치가 가장 높은 기업들이다. 앞서 이들의 가치는 그것들을 둘러싸고 벌어지는 사람들의 상호작용 자체에서 유래한다고 했다. 빅데이터는 사람들의 활동과 상호작용이 일정한 형태의 자료로 포착된 것으로(예: 특정 장소 통행량, 신용카드 사용량 등), 과거엔 생산되지 않던 이러한 자료는 그것을 확보한 이들에게 다양한 돈벌이 기회를 제공하며, 그 기대수익이 빅데이터의 가치를 결정한다. 음식배달어플이나 인터넷 게시판, 소셜미디어 같은 플랫폼의 가치는 거기에 모여든 사람의 숫자에 따라 매겨진다. 사실 건물이나 토지도 마찬가지다. 과거엔 토지가 주로 농지였고, 그 가치는 토지의 자연적 비옥도나 위치에 의해 결정되었다. 그러나 요즘엔 토지도 농업용보다는 상업용이 대세다. 도시의 상권이나 '역세권' 토지의 가치는 그곳에 머물거나 지나는 사람들이 행하는 상호작용의 크기로 결정되며 이때 토지소유자나 건물주의 기여는 '제로'에 가깝다. 그런데도 지대(임대료)가 토지와 건물의 소유주에게 돌아가는 것에 이의를 제기하는 사람은 많지 않다. 불합리해 보여도 그러한 불합리는 이미 오랜 세월을 거치며 우리의 의식과 사회관계에 고착화되어 있기 때문이다. 하지만 형성된 지 얼마 안 되는 새로운 영역에서는 사람들의 사고가 훨씬 더 유연해지는 경향이 있다. '플랫폼이 거두는 광고 수익은 원칙적으로 플랫폼 이용자 모두의 것이다'라는 식으로 생각하는 사람이 상당히 많다. '지대를 걷자'보다 '플랫폼세를 걷자'라는 생각이 훨씬 폭넓은 공감대를 얻는 것은 그래서다.

바로 여기에 기본소득론의 또 다른 문제가 있다. 빅데이터나 플랫폼같이 법·제도가 아직 완전히 확립되지 않아 유동적인 영역은 '카이사르의 것은 카이사르에게'라는 기본소득의 문제의식이 힘을 발휘하기에 가장 좋은 곳이고 제도화하기에도 비교적 수월한 분야이지만, 이런 영역에서조차도 당위만으로는 문제가 풀리지 않는다. 법·제도가 확립되지 않았기에, 그것이 앞으로 어떻게 자리 잡을지는 관련 당사자들 간의 역관계에 달려 있다. 그것은 당위가 아니라 투쟁의 문제다.[7] 왜 헌법이나 근로기준법이 때때로 유명무실해 보이겠는가? 기본소득론자들이 기대하는 '4차 산업혁명'에 따른 인간의 고된 노동으로부터의 해방도 전적으로 계급 간의 투쟁 문제다. 그러한 해방은 거저 주어지는 게 아니며, 억압받는 쪽의 힘이 약하면 인공지능이 아무리 발달해도 인간은 계속해서 소외된 노동에 시달려야만 할 것이다.[8] 일반적으로 기본소득론은 이러한 갈등을 정면으로 다루지 않는 경향이 있다. 마치 저 추상적 정당성만 있으면 건물주가 자신의 임대료를, 플랫폼 주인이 자신의 수익을 순순히 내주기라도 할 것처럼.

그뿐만이 아니다. 2021년은 주식시장이 전년보다 침체된 해였다. 그러나 여전히 국내 7개의 상장사가 1조 원 이상의 배당금을 책정했고, 그 결과 이재용 삼성전자 부회장은 2,577억 원을 받아 개인 배당액 1위에 올랐다.[9] 이는 물론 몇몇 특정인만의 문제가 아니다. 전체 자본가, 전체 대자산가에 대한 문제다. 어떻게 그들로부터 그들이 거두는 소득의 최소한 절반 이상을 세금으로 되받아낼 수 있을까? 기본소득론에서는 이런 고민을 찾기가 매우 어렵다. 이런 어마어마한 소득을 그대로 두고서, '모두에게 똑같이'라는 기본소득의 원칙과

정신이 무슨 의미를 가질 수 있을까?

국가를 향한 기본소득론의 모순된 시선

다음으로, 어찌어찌해서 그러한 임대료, 그리고 플랫폼이나 빅데이터에서 나오는 수십조에서 수백조 원에 달하는 소득을 정부가 확보했다고 하자. 기본소득론자들은 다음 질문에 답해야 한다. '왜 그것을 모든 개인에게 똑같이 나눠줘야 하는가?' 정부가 가지고 있으면서 시민의 공공복리를 위해 다른 방식으로 쓰면 안 되나? 여기에서도 기본소득론자들은 늘 그렇듯 정부의 비효율성, 개인의 개성과 자유 억압, 제도의 사각지대 등의 이유를 내세우겠지만, 앞서 밝혔듯이 이는 그렇게 탄탄한 근거가 못 된다.

이러한 비판은, 우리를 기본소득론에 대한 마지막 코멘트로 이끈다. 바로 기본소득론은 국가의 역할 내지 역능capabilities에 대해 매우 모순적인 태도를 보인다는 것이다. 기본소득론의 구조를 '징발'과 '지급'으로 나누게 되면, 기본소득론은 '징발'과 관련해서는 철옹성 같은 재산권도 무력화할 수 있고, 이재용 같은 재벌한테서는 한 해에 수천억 원의 세금도 걷을 수 있으며, 모든 사람의 소득과 재산을 철두철미하게 파악해서 그들 모두에게 응분의 세금을 매길 수 있는, 그야말로 전지전능에 가까운 국가를 상정하는 것 같다. 그러나 '지급'과 관련해서는 20세기의 발전상을 무색하게 할 만큼 무기력한 국가가 상정된다. 저 앞에서 우리 이웃이 뻔히 굶어 죽고 있는데도, 세금 등으로 거둬들인 막대한 돈을 모든 국민에게 n분의 1로 나눠주는 것보다 나은 처분 방법을 구사하지 못하는 국가는 얼마나 취약한가? 적어도 오늘날의 '복지국가'가, 온갖 부작용에도 불구하고 그보다는 나을 것이다.

기본소득론자들이 상정하는 국가는 어느 쪽인가? 전지전능한 국가인가, 무기력한 국가인가? 물론 현실의 국가는 둘 사이 어딘가에 있을 것이다. 하지만 국가는 고정된 게 아니고, 그 변화가 후자에서 전자 쪽을 향한다는 것은 꽤 분명하다. 자본주의 경제의 모순이 가하는 제약이 있기는 하지만, 현대 국가는 지난 100여 년 동안 나름대로 경제 현황을 파악하고 그에 대응하는 능력과 정책 수단을 키워왔다. 정교한 조세제도는 그중 하나다. 철두철미한 과세를 위해 다양한 형태의 소득을 정의하고, 각 소득에 적합하면서도 형평성을 담보할 수 있는 과세 방식을 고안하며, 과세 행정의 정확성과 신속성을 높일 수 있는 첨단 기법들을 동원한다.[10]

그렇다면 국가가 그러한 '징발'(또는 과세) 단계에서 발휘한 능력을 '지급' 단계에서 사용하지 않을 이유가 있을까? 국가가 자국민의 소득과 재산 현황을 어느 정도 정확하게 파악하고 있다면, 그러한 지식을 활용해 국민 각자에게 적합한 지급액을 차등적으로 결정할 수 있을 것이다. 누구는 많이 받고 누구는 아예 받지도 않겠지만, 모든 국민의 계좌에 국가가 아무도 모르게 지급액을 넣어줄 것이니 낙인효과도 없을 것이다.[11] 실제로 (한계가 없진 않지만) 현재 우리나라의 국가장학금 제도가 이런 형태를 취하고 있다.

　기본소득론이 국가의 역할과 능력에 대해 모순적 태도를 보이는 게 이해 못 할 일은 아니다. 그 모순은 기본소득론이 현대의 적극적인 국가가 발달하기 이전에, 그러니까 18세기 말부터 19세기에 대체로 형성된 입론이라는 데서 비롯된다. 지금보다 삶이 훨씬 단순했던 과거에는 토지에서 나오는 지대라는 게 뻔했을 터이니, 국가가 전지전능하지 않아도 어디서 얼마만큼의 지대가 나오는지를 파악하는 게 크게 어렵지는 않았을 것이다. 다른 한편, 어떻게든 국가가 지대를 확보했다고 하자. 하지만 19세기의 국가는 이를 국민 개인에게 n분의 1로 나눠주는 것 이상의 정교한 정책을 실행할 능력도 없었을 것이다.

　지금은? 세상이 바뀌었다. 경제활동이 비할 바 없이 복잡해졌고, 그 안에서 인간들 간의 갈등도 첨예해졌다. 하지만 그에 발맞춰 다양한 공적 제도들이 발달했고, 그 총체로서의 국가도 변모했다. 복잡한 세상을 이해할 수 있는 수단들이 발달했고, 그에 비례해 국가의 정책 역량도 눈부시게 성장했다. 문제는, 1부에서 반복해서 강조했듯이, 이러한 현실의 변화와 발달을 기본소득론—그리고 일반적으로는 '기본'론—이 적절하게 수용하지 못했다는 것이다. 국가의 역할·역량에 대한 모순적인 태도는 그 결과다.[12]

맺음말: (복지)국가에 대한 불신의 기원

　1980년대부터 본격적으로 형성된 현대적인 기본소득론은 크게 봐서 복지국가에 대한 반발로서 제기되었다. 이러한 성격은, 기본소득론이 기본소득을 정의하는 방식에, 그리고 자본주의의 역사를 해석하는 방식에 짙게 배어 있다.

　당시 서구권에서 복지국가는 '동네북'이라고 해도 좋을 정도로 사방에서 집중포화를 받고 있었다. 진보파의 주류였던 제도권 내의 노동조합이나 정당에서는 복지국가를 사회진보의 산물로 간주하면서 그 후퇴를 막고자 안간힘을 썼지만, 이들 외의 세력들은 복지국가에 비판적 거리를 두고 있었다. 일단 전통적인 혁명적 좌파는 복지국가란 자본과 노동의 타협에 입각한 체제로서 자본주의가 자신을 보존하는 하나의 방식일 뿐이라는 기존의 시각을 유지했다(그러면서도 이들 중 대다수는 복지국가를 수호하고자 했다). 반면 보수파는 복지국가가 낭비적이고 사람의 근로의욕을 떨어뜨린다면서, 복지국가의 대폭 축소를 주문했다. 오늘 우리가 신자유주의라고 부르는 경제 이론과 정책은 이러한 비판의 산물이기도 하다. 다른 한편으로, 진보파에 속했으면서도 보수파의 복지국가 비판을 (결과적으로) 상당 부분 공유했던 입장도 있다. 복지국가가 어려운 사람들에게 충분한 구호를 베풀지 못하고 있고, 그런 의미에서 빈곤을 줄인다는 그 목적을 적절히 달성하지 못한다는 비판 말이다. 이를테면 경제의 구조 변화와 기술 진보의 과정에서 낙오된 사람들을 '수급자'라고 낙인찍고 영원히

빈곤 상태에 머물게 한다는 것이다.[13]

바로 이 마지막의 입장이 오늘날의 기본소득론으로 이어진 셈이다. 여기에 더해 네덜란드와 벨기에—샤를 푸리에의 이름으로 19세기 중엽에 이미 '기본' 운동이 일어났던 지역—를 중심으로 하는 일군의 학자·활동가들이 현대적인 기본소득론의 부흥을 이끌었다. 마침내 1986년 9월에는 기본소득 지지자들의 첫 회합이 벨기에 루뱅에서 열렸고, 그 결과 '기본소득유럽네트워크BIEN, Basic Income European Network'가 결성되기에 이른다. 이 네트워크는 훗날(2004년) '기본소득지구네트워크BIEN'로 확장되었고,[14] 기본소득이 우리나라에서 둥지를 튼 것도 이러한 확장의 결과다.

현대적인 기본소득론의 형성 배경을 좇다 보면 한 가지 아쉬움 섞인 의문이 들지 않을 수 없다. 기본소득론의 문제의식은 복지국가가 정말로 품지 못하는 것이었나? 사각지대, 낙인효과, 근로유인 저하 등 1970년대 복지국가가 노출했던 문제들은 복지국가가 스스로 해결해나갈 수도 있지 않았을까? 그러한 문제들이 하필이면 복지국가에 대한 (주로 보수파의) 공격이 극에 달했을 때, 그래서 복지국가가 과잉되기보다는 가장 취약해져 있을 때, 소련을 중심으로 한 현실 사회주의권의 한계가 극에 달했을 때 불거지는 바람에, 복지국가는 그저 자신의 문제를 해결할 적절한 기회를 얻지 못했던 게 아닐까?

이러한 질문에 대한 답은 복지국가를 어떻게 보느냐에

따라 달라질 것 같다. 복지국가를 특정 지역에서 특정 시기에 시행된 국가 정책의 묶음으로 본다면, 기본소득론이나 보수파의 문제제기를 따라 그것을 과감히 버리는 것도 가능하겠다. 그러나 앞에서 논한 바와 같이 만약 복지국가를 자본주의 체제의 현대적 발달에 조응해 경제의 재생산에 적극적으로 개입하는 국가의 현대적 형태라고 이해한다면, '복지국가로부터의 탈피'는 하고 싶다고 해서 할 수 있는 게 아니다. 요약하자면, 기본소득론 등에서 문제시한 것은 전자의 의미의 복지국가였던 것이고, 복지국가가 후자의 의미를 지니는 한 우리가 기대할 수 있는 것은 복지국가의 변화와 발전일 수밖에 없다. 그것을 대체할 정도의 총체적인 개념과 실천을 내놓을 수 없다면 말이다.

끝으로, 기본소득론이 제기했던 사각지대, 낙인효과, 근로유인 저하 등의 문제는 1980년대 이후 신자유주의 아래서나마 조금씩 개선되어온 것도 사실이다. 물론 그 공을 신자유주의에 돌릴 필요는 없다. 중요한 것은 그러한 진보적인 요소들을 끌어모아 의미를 부여하고 향후 더 나은 미래를 설계할 때 자양분으로 삼는 것이다.

5장

기본자산의 이상한 부활

기본소득이 인기를 얻으니 기본자산, 기본주택, 기본서비스…… 이른바 '기본' 시리즈가 덩달아 인기다. 괜히 '기본'이라는 이름을 붙여서 기본소득의 인기에 편승한다는 감도 없진 않지만, 모두 그 나름대로 중요한 문제의식을 담고 있다. 특히 기본자산basic capital은 기본소득과 함께 오늘날 '기본'론의 쌍두마차를 이룬다고 해도 좋을 만한 정책이다. 기본소득제는 상대적으로 적은 금액을 정기적으로 지급하는 형식을 취하는 반면, 기본자산제는 보통 수천만 원에 이르는 큰돈을 한꺼번에 지급한다. 사실 최초의 근대적인 '기본'론이라고 할 수 있는 토머스 페인의 1797년 제안도 일종의 기본자산제였다. 그러나 자본주의에서 정기적인 소득의 중요성이 점차 커짐에 따라 '기본' 제안은 일회성의 자산보다는 정기적인 소득을 지급하는 형태로 이루어졌다. 그런 의미에서 최근 기본자산제의 재부상은 흥미로운 현상이라고 하지 않을 수 없다.

기본자산제의 유혹

'매년 성년이 된 모든 시민에게 일정액의 자산을 지급하자!' 매력적인 주장이다. 비록 일회성이긴 하지만 한 번에 수천만 원씩을 준다니 눈이 번쩍 뜨이지 않을 수 없다. 코로나19로 모두가 어려운 중에도 부동산 가격만은 천정부지로 치솟고 있는 요즘, 취업난과 상대적 박탈감에 허덕이는 우리 청년들에게는 특히 더 소구력이 높을 것도 같다. 이 돈으로 무엇을 할까? 사업을 벌일까? 여행을 갈까? '간'이 작은 이들은 그 돈을 금융기관에 넣어두고 곶감처럼 조금씩 빼먹으며 훗날을 도모할지도 모르겠다.

국가가 모든 시민에게 '기본자산'을 지급하자는 주장이 최근 인기를 얻고 있다. 일정 연령, 이를테면 만 20세에 도달한 모든 청년을 대상으로 하니, 기본자산제는 순차적으로 모든 국민이 혜택을 볼 수 있는 제도로서, 보편성과 무조건성이라는 '기본'의 면모를 가지고 있다. 정치권에서도 인기다. 기본자산제는 청년 정책이기도 하고, 불평등 완화 정책이기도 하니 말이다. 2020년 4월 총선에서 정의당이 내놓은 '청년기초자산제'가 그 시초다. 매년 만 20세가 되는 대한민국의 모든 청년에게 3,000만 원을 준다는 것이다. 단 재정적인 이유 등으로 3년에 걸쳐 매년 1,000만 원씩 찾을 수 있도록 설계되었다. 정의당은 당시 선거에서 이 정책을 당의 제1공약으로 내놓았지만 큰 주목을 받진 못했다. 하지만 얼마 뒤 불평등 연구로 유명한 프랑스 경제학자 토마 피케티의 '보편적 자본 급여universal capital endowment' 제안이 담긴 신작 《자본과 이데올로기》가 국내에 출간되자 분위기가 바뀌었다. 여기서 피케티는 유럽 경제권에서 성인 1인당 평균 자산(20만 유로)의 60%인 12만 유로(한화로 1억 6,000만 원 정도)를 매년 25세가 되는 모든 청년에게 지급하자고 제안했다. 마침내 2021년엔 당시 여당인 더불어민주당에서도 기본자산제가 본격적으로 채택되기에 이르렀다. 그해 4월 7일 열린 보궐선거에서 박영선 서울

시장 후보가 '청년출발자산'을, 변성완 부산시장 예비후보가 '부산형 청년기초자산제'를 내놓은 것이다.

최근 국내 정치권이나 피케티의 제안 이전에도 기본자산제를 진지하게 고민한 이들이 있었다. 토머스 페인의 15파운드 기본자산 제안 이후 기본자산제의 인기는 내리막길을 걸었지만, 2000년 전후에 선진국들을 중심으로 다시 그에 대한 관심이 타오른 것이다. 미국의 법학자 브루스 애커먼Bruce Ackerman과 앤 알스톳Anne Alstott은 '모든 사회 구성원에겐 사회 총자산에 대한 일정한 지분이 있다'라면서, 미국의 모든 21세 청년에게 4년에 걸쳐 매년 2만 달러씩 총 8만 달러의 '사회적 지분 급여stakeholder grant'를 제공하자고 제안한 바 있다. 같은 시기 영국에서는 페이비언협회가 목소리를 냈다. 부의 분배가 극심한 상황에서는 청년들이 인생에서 고른 기회를 가질 수 없으므로, 국가가 매년 18세가 되는 영국의 모든 개인에게 소정의 자본 급여capital grant를 지급해야 한다는 것이었다. 이 제안은 2004년 노동당 정부에 의해 '자녀신탁기금Child Trust Fund'이라는 이름으로 정책화됐으나 보수당 집권기인 2010년에 폐지되었다. 이 정책은 정부가 매년 태어나는 아이에게 계좌를 열어주고, 이후 아이가 커가는 동안 부모와 정부가 함께 자금을 적립해두었다가 아이가 일정 연령에 도달하면 해당 자금을 인출할 수 있게 하는 식으로 설계되었다.

이러한 정책이 최근 들어서 부쩍 인기를 얻는 이유가 뭘까? 기본자산제가 제기하고, 또 해결하고자 하는 고유의 문제는 무엇인가? 보통 기본자산의 수혜자는 청년으로 상정된다. 왜 청년인가? 청년기의 실패 때문에 평생을 낙오자로 사는 사람들이 있다. 하지만 '실패'라고 불릴 만한 시도조차 못해본 채 청춘을 흘려보내는 이들도 많다. 주어진 기회도 활용하지 않은 사람도 있겠지만, 순전히 돈이 없어 그런 선택을 강요받는 경우도 많다. 그런 청년에게 기본자산은 어떤 의미일까? 이를테면 만 20세가 되는 모든 청년에게 5,000만 원을 준다면? 이제 그는 거액의 등록금이 드는 대학에 갈 수도 있고, 장기간 해외여행을 하면서 견문을 넓힐 수도 있으며, 작게나마 직접 사업체를 꾸려 좀 더 적극적으로 자신의 꿈을 펼쳐볼 수도 있을 것이다. 앞서 소개한 애커먼과 알스톳이 만 21세 청년에게 8만 달러의 '사회적 지분 급여'를 주자고 제안한 배경에는 미국의 살인적인 대학등록금이 있었다.

이렇게 기본자산은 그것의 수혜자에게 삶의 가능성 영역을 넓혀주리라 기대된다. 기본자산의 수혜자는 보통 성년기에 접어드는 청년으로 상정되는 것도 그래서다. 상당액의 목돈을 받고 그 처분에 대한 결정을 스스로 내릴 수 있으려면 나이가 너무 적어선 안 되고, 동시에 그런 결정이 해당 개인의 삶에서 갖는 의미를 극대화하려면 나이가 너무 많아도 안 된다. 기본자산은 본격적인 사회생활에 돌입하는 청년에게 지급되는 게 제격일 것이다.

또한 옹호자들은 기본자산제가 자산 불평등 완화에도 특효약이라고 주장한다. 소득 불평등이 문제라곤 하지만, 소

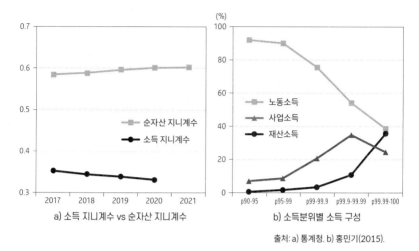

〈그림 5-1〉 자산소득의 현황과 비중

a) 소득 지니계수 vs 순자산 지니계수

b) 소득분위별 소득 구성

출처: a) 통계청. b) 홍민기(2015).

득보다 훨씬 더 불평등하게 분배되어 있는 게 자산이다. 〈그림 5-1〉의 a)를 보자. 지니계수는 소득분배의 (불)평등도를 나타내는 척도로, 0과 1 사이의 값을 가지며 클수록 소득분배가 불평등함을 의미한다. 이 그림은 소득분배와 자산분배 각각에 대해 지니계수를 나타내고 있는데, 보다시피 자산의 지니계수가 소득의 그것보다 훨씬 크다. 더욱이, 자산 불평등은 소득 불평등을 낳는 주요한 원인이다. 오늘날 개인에게 자산의 가장 큰 의의는 그것이 소득을 낳는다는 데 있다. 금융자산에서는 이자나 배당이, 비금융자산(부동산)에서는 임대료가 나온다. 시점 간 매매차익은 덤이다. 개인의 소득은 크게 노동소득과 자산소득으로 나뉘는데, 자산소득 불평등이 전체 불평등 확대에 기여하는 정도가 커졌다는 것은 1980년대 이래 불평등 양상의 중요한 특징이다. 노동소득의 불평등도 증가했지만, 자산소득의 불평등이 훨씬 더 빠르게 증가했다. 이러한 현실은 소득분위가 높을수록, 즉 고소득자일수록 전체 소득에서 자산으로부터 유래하는 소득 비중이 커진다는 데서도 드러난다. 이를 보여주는 게 〈그림 5-1〉의 b)다. 소득분위 상위 5~10%라면 고소득층이라고 해야겠지만, 이 분위에 드는 사람조차도 평균적으로 전체 소득의 90% 이상이 노동소득이고 자산소득(사업소득 포함)은 10%도 안 된다. 그 대부분도 사실은 사업소득이고, 순수한 재산소득은 거의 0%에 가까울 정도다. 최상위 0.01%에서는 전혀 다른 풍경이 펼쳐진다. 노동소득의 비중은 40% 미만으로 떨어지는 반면, 자산소득이 60%를 넘어선다. 특히 순수한 재산소득이 노동소득과 거의 같은 비중을 차지할 정도로 커진다. 최근 소득 불평등 심화 양상을 흔히 (양극화 또는 20:80 따위가 아니라) 1:99라는 용어로 표현하는 것도 그래서다. 최상층으로의 소득 집중이 최근 소득 불평등 심화 양상의 중요한 특징이고, 그 주원인은 자산소득 집중에 있다.

이런 사정을 두루 고려하면, 소득재분배는 '결과'를 시정하자는 것이지만 자산 재분배는 문제의 '원인'을 제거하는 의미가 있다는 말도 일리 있게 들린다. 또한 자산은 세대를 거듭해 이전되기도 한다는 점에서 자산 불평등은 단순한 소득재분배보다 심원한 차원의 조치로만 시정이 가능하다. 아마도 이상의 이유로 많은 이들에게 자산 불평등을 문제 삼는 기본자산제가 소득 불평등의 시정을 꾀하는 다른 제안들—특히 기본소득제—에 비해 '화끈하게' 다가가는지도 모르겠다.

요컨대, 기본자산제는 자산 불평등 심화에 대한 대책으로 제시되고 있고, 자산 불평등은 그 자체로도 문제지만 소득 불평등의 중요한 원인이기도 하다는 점에서 더욱 심각한 문제라고 인식되고 있다. 또한 자산 불평등은 상당 정도 자산 세습의 결과다. 세습의 가장 심각한 문제는 부모 세대로부터 어느 정도의 자산을 세습받느냐에 따라 청년들의 삶의 가능성의 크기와 범위가 상당 정도 결정된다는 데 있다. 문제의 성격이 이러하기 때문에, 기본자산제를 내놓는 논자들은 그에 필요한 재원 마련책으로 재산세제 또는 상속세제 강화를 제안한다. 애커먼과 알스톳은 23만 달러 초과 재산에 대해 2%의 정률세를 부과해 걷힌 세수입을 사회적 지분 급여의 재원으로 삼자고 주장했고, 정의당과 피케티도 상속증여세와 자산세(종합부동산세)를 기본자산제 시행을 위한 재원으로 제시하고 있다. 2022년 대통령 선거를 위한 더불어민주당 당내 경선에 출마했던 김두관 국회의원과 정세균 전 총리의 경우엔 상속·증여세를 아예 목적세로 전환해 기본자산 재원으로 삼겠다고 밝히기도 했다.

근본적인 질문: 왜 '자산'인가?

기본자산 제안의 의의를 이상과 같이 청년의 삶의 가능

성 확장 및 불평등 완화에서 찾는다면, 그것을 마다할 이유는 없을지도 모른다. 그렇다면 현실은 어떨까?

먼저, 왜 자산이 필요하다는 것인지를 따져보자. 이 질문을 다루려면 자산이 무엇인지를 알아야 한다. 기본자산제와 관련된 맥락에서, '자산'이라고 하는 것은 실은 그냥 '목돈'이다. 경제학에서 자산과 소득의 구별은 지극히 형식적인데, 개인에게 들어오는 모든 현금의 흐름은 소득이고 그러한 소득이 곧장 지출되지 않고 금고에 저장되거나 금융기관에 예치되면 자산이 된다. 따라서 엄밀히는 '기본자산'도 정부가 그 수혜자의 계좌에 꽂아줄 때는 그냥 '소득'이다. 통상적인 소득보다 액수가 크다는 게 다를 뿐이다.

그러니 '(기본)자산'이 청년의 가능성을 넓혀준다고 하는 이유는 명확하다. 자산, 곧 목돈이 갖는 독특한 기능 때문이다. 등록금이 비싼 상급학교에 진학하거나 예기치 않은 질병에 걸렸을 때, 우리는 일상적인 지출액을 넘어서는 목돈이 있어야 한다. 집을 살 때, 아니 우리나라에서는 월세방이라도 얻으려면 거액의 보증금이 필요하다. 외국으로 배낭여행을 가기 위해 돈을 모아본 이들도 많으리라. 사업을 하려고 해도 적지 않은 돈이 필요하다.

과거엔 목돈을 직접 손에 쥐지 않으면 위와 같은 일들은 아예 할 수 없었다. 과거 우리나라에서 '근로자재산형성저축'(일명 '재형저축')제도가 엄청난 호응을 받으며 성공할 수 있었던 것도 그래서다. 재형저축제도는 서독('재산형성촉진법',

1961년)과 일본('재형저축촉진법', 1965년) 등의 선례를 따라 1976년에 '저축증대와 근로자재산형성지원에 관한 법률'에 따라 시행된 제도로, 이 법은 재형저축의 목적을 ▲근로자의 재산형성을 지원해 근로자의 안정된 생활기반 조성, ▲저축으로 조성된 자금으로 산업육성 지원, ▲건전한 금융질서 확립에 기여 등으로 명시하고 있다. 이 저축에 가입한 사람은 통상적인 은행 이자율에 더해 정부가 지원하는 특별이자를 받을 수 있었는데, 한때는 연 이자율이 40%를 넘었을 정도였다. 가입자는 높은 이자 수익 외에도 만기에 지급되는 이자 수익에 대한 소득세를 면제받기도 했고, 주택자금 등을 융자받을 때도 특별한 대우를 받았다. 재형저축은 1995년에 폐지될 때까지 '월급쟁이'에게는 최고의 재테크 상품이었다.

지금은 상황이 많이 달라졌다. 과거엔 목돈이 없으면 상상도 하기 어려웠던 일들을 지금은 목돈이 없어도 쉽게 할 수 있다. 대체로 금융제도와 정부 복지제도의 발달 덕택이다. 줄잡아 2000년 이전까지는 다음 학기 등록금 마련을 위해 방학 내내 아르바이트를 했으나 단돈 몇만 원을 채워 넣지 못해 휴학하는 고학생이 드물지 않았다. 이제 그런 얘기는 과거의 일이 되었다. 국가장학제도가 잘 정립된 덕택이다. 주택을 구매하거나 임대할 때도 정부가 지원하는 제도를 활용하면 아주 낮은 금리로 적게는 수천만 원, 많게는 수억 원에 달하는 돈을 큰 어려움 없이 대출할 수 있다. 돈이 없어도 사업 아이템이 확실하고 계획서만 잘 쓰면 정부나 지자체로부터 상당액의 초기 자금을 지원받을 수 있고, 자동차나 기타 고가의 내구재도 판매 기업이나 금융기관의 할부금융제도 덕분에 당장은 큰돈 들이지 않고 손에 넣을 수 있다. 목돈이 점차 불필요해지고 있는 것이다.

자산보다는 소득

그런데 이런 상황 개선이 아무런 대가 없이 주어지는 것은 아니다. 단돈 몇만 원 때문에 원치 않게 휴학하는 대학생은 사라졌지만, 많은 대학생이 졸업 뒤에 대출한 학자금의 원리금을 갚느라 고생하는 게 현실이다. 금융제도의 발달 덕택에 박봉의 신입사원도 고가의 자동차를 쉽게 손에 넣을 수 있게 됐지만, 그는 앞으로 한동안 '카푸어'의 삶을 살아야만 할 것이다. 이렇듯 과거에 '목돈'이 행했던 일정한 '서비스'를 오늘날의 사람들은 소액의 비용을 장기간에 걸쳐 꾸준히 지불함으로써 구매할 수 있게 되었다.

이를 일반화하면, 정부나 지자체, 각종 공적·시민적 기구들로부터의 무상 지원은 논외로 하더라도, 금융제도의 발달 덕택에 거의 모든 일시적 목돈 지출은 이제 장기간에 걸친 원리금 상환 프로그램으로 변환될 수 있다는 얘기다. 국가장학제도와 같이 정부가 이를 도모하기도 한다. 결국 현대인에게 필수적인 것은 자산보다는 소득, 안정적이고 정기적인 소득의 흐름이다.

자, 생각해보자. 누구나 인생의 어떤 국면에서 크게 한번은 '도박'을 할 수 있다. 꼭 젊은 시절에 하란 법도 없다. 그러니 기본자산이 필요하다면, 그 시기가 반드시 청년기여야만 하는 것은 아니다. 어쨌든 그러한 도박을 포함해, 한 사람이 평생 쓰게 되는 지출액의 평균은 대동소이할 것이다. 그 액수가 계산될 수 있다면, 우리는 그 지출액을 일생에 거친 평균적인 개인의 소득 흐름을 고려해 아주 안정적으로 펼쳐놓을 수 있을 것이다. 이렇게만 된다면, 이젠 소득만이 중요할 뿐이다. 인생의 도박을 언제 감행하든 거기 드는 거액의 비용은 장기간에 걸쳐 조금씩 지불할 수 있다.

심지어 이론적으로 기본자산은 언제나 정기적인 정액의 소득 흐름으로 변환이 가능하다. 예컨대, 기본자산으로 받은 1억 원을 다양하게 지출하는 대신 금융기관에 맡겨두고 앞으로 60년(=720개월) 동안 매월 정액의 현금을 받는 계약을 금융기관과 체결할 수도 있겠다. 이때 월 수령액에는 1억 원에 붙은 이자도 포함될 것이므로, 월 수령액은 1억 원을 720으로 나눈 값(약 13만 9,000원)보다는 클 것이다. 이자율을 연 3%로 가정하면, 월 수령액은 30만 원이 된다. 거꾸로도 마찬가지다. 앞으로 60년 동안 매월 30만 원씩 들어오는 정기적인 소득 흐름은 연 3%의 이자율 아래서 1억 원의 현재가치를 갖는다. 이상의 추론은 기본자산제와 기본소득제는 이론적으로 동일하게 설계될 수 있음을 시사한다.[1]

물론 현실은 이론과 다르다. 무엇보다 기본소득과 기본

자산을 소비자 입장에서 만족스럽게 변환해줄 금융기관은 없을 것이다. 이를테면 위 예에서, 1억 원을 수탁한 금융기관은 3% 대신 2%로 적용 이자율을 낮추고자 할 것이다. 이 경우 월 수령액은 24만 원에도 못 미칠 것이다. 하지만 중요한 건 금융제도가 발달함에 따라 양자의 상호 전환이 가능해졌다는 사실이다. 제도 및 그것을 뒷받침하는 기술적 여건이 발달함에 따라 전환 과정에서 기관과 개인 간의 시차도 좁혀지고 있다. 과거엔 그런 전환 자체가 아예 불가능했고, 그 때문에 개인이 스스로 자산을 확보하고 있어야만 가능한 일들이 많았지만, 그런 일들은 적어도 개인의 평범한 일상 차원에서는 빠르게 줄어들고 있다.

자산 불평등은 어찌할 것인가?

자산(=목돈)이 그 고유의 기능을 잃고 있다. 대체로 1990년대 이후 우리 경제의 발달 추이로부터 이는 꽤 뚜렷하게 감지되는 현상이다. 근로 대중의 뜨거운 사랑을 받았던 재형저축제도가 1995년에 폐지된 것도 그런 흐름의 일부라고 이해할 수 있다. 이젠 전세 보증금을 마련하기 위해 미리 허리띠를 졸라맬 필요가 없다.

하지만 여전히 자산은 중요하지 않은가? 어쨌든 자산 불평등은 심각하고, 또 그것은 소득 불평등을 낳는 핵심 원인 가운데 하나 아닌가? 만약 그렇다면, 자산 불평등 완화를 위해 기본자산제의 필요성도 인정될 수 있지 않을까?

이 대목에서 자산이란 무엇인지를 다시금 생각해보는 게 유용할 것 같다. 보통 자산은 토지나 건물, 원재료·제품, 현금이나 각종 금융상품 등의 형태를 취한다. '돌아가신 아버지가 쓰시던 만년필'과 같이 지극히 개인적이고 추상적인 의미를 갖는 자산도 있다. 추상적으로만 존재하기도 하고 개인이 소유할 수 없는 자산도 있는데, 대대로 내려오는 훌륭한 가풍이나 '삼천리 금수강산' 같은 자연자원 같은 게 그렇다. 이렇게 자산에는 다양한 형태가 있고, 또 의미가 있다.

그러니 자산 불평등에도 다양한 차원이 있을 것이다. 우리는 가난해도 마음에는 풍성한 자산을 쌓은 사람들의 이야기를 한두 개쯤은 알고 있다.[2] 그러나 오늘날 '자산 불평등'이라는 맥락에서 자산은 그저 화폐적 가치로만 고려될 뿐이다. 자산의 화폐가치란 곧 자산의 가격이다. 그러니 훌륭한 가풍이나 마음의 양식같이 가격을 갖지 않는 자산은 우리의 논의에서 빠질 수밖에 없다. 반면 땅은 분명 가격을 갖는 자산이므로 논의의 대상이 된다. 그러면 왜 똑같은 면적의 땅인데 가격이 다를까? 시골의 야산 1평과 서울 강남 한복판의 1평은 왜 가격이 다를까? 땅의 경제적 가치는 어떻게 결정되는가? 답은 어렵지 않다. 땅과 같은 자산의 가격이란, 해당 자산이 발생시킬 수 있는 일시적인 또는 정기적인 미래 현금 흐름을 현재가치로 변환한 것이기 때문이다. 그래서 시골 야산이나 나에게만 의미가 있는 아버지의 유품은 거의 가치가 없다고 여겨지는 것이다. 자산의 물적 양이 아니라 자산이 발생시키는 소득의 크기가 중요하다. 시골 야산 1만 평보다는 서울 강남의 1평이 중요하다. 결국 여기서도 또다시 문제는 '소득'이다. 자산이 소득을 낳고, 그러한 소득이 소득 불평등을 심화시킨다. 따라서 자산 불평등 완화란, 자산소유의 불평등을 낮추자는 것처럼 들리기도 하지만, 그보다는 자산에서 유래하는 소득의 불평등을 낮추는 것에 더 가깝다.

이러한 목표는 무엇보다 그러한 소득에 높은 세율을 누진적으로 적용함으로써 달성할 수 있다. 자산소득에 높은 세율을 적용해 자산의 소득 발생 능력을 제한하는 것만으로도 자산 불평등의 문제는 상당 정도 해소된다. 이러한 세제가 영구적이라면 그것은 자산의 수익률, 즉 그것이 낳는 미래 현금흐름의 현재가치를 낮춤으로써 자산의 가치(=가격)를 즉각적으로 떨어뜨릴 것이다. 요컨대 자산소득에 높은 세율을 적용하기만 해도 자산가치 하락을 통해 소유권의 변동이 전혀 없이도 자산 불평등이 완화되는 효과를 내는 것이다. 나아가 개인이나 법인이 보유한 자산의 가치 그 자체에 대해서도 세금을 매길 수 있다. 이쯤 되면, 개인이든 법인이든 자산을 소유할 경제적 유인incentive 자체가 크게 줄어들 것이다. 〈표 5-1〉은 토마 피케티가 최근작 《자본과 이데올로기》에서 내놓은 과세안이다. 피케티는 이를테면 유럽 성인의 평균 자산의 1만배의 자산을 가진 이에게는 실효세율 90%의 세금을 매기자고 제안하는데, 만약 정말로 이런 세제가 실행된다면 누가 그

〈표 5-1〉 자산 불평등 완화를 위한 피케티의 과세 제안

누진적 자산세 (청년에게 주는 '자본급여'의 재원)			누진적 소득세(기본소득제 및 사회적·생태적 국가의 재원)	
평균 자산의 배수	연간 자산세 (실효세율)	상속세 (실효세율)	평균 소득의 배수	실효세율
0.5	0.1%	5%	0.5	10%
2	1%	20%	2	40%
5	2%	50%	5	50%
10	5%	60%	10	60%
100	10%	70%	100	70%
1,000	60%	80%	1,000	80%
10,000	90%	90%	10,000	90%

출처: 토마 피케티,《자본과 이데올로기》, 2020.

렇게 막대한 자산을 갖고자 하겠는가. 사람들이 현재와 같은 방식으로 자산을 소유하지 않는다면, 세금도 의도된 만큼 걷히지 않을 것이다.

　이상의 논의는 기본자산제를 보는 색다른 시점을 제공한다. 기본자산이 (자산) 불평등 완화에 기여하는 것을, 개인에게 지급될 저 기본자산액의 기능이라고 여기는 게 보통이다. 그러나 실제로는 기본자산을 시민들에게 나누어주기 이전에, 즉 위의 자산소득이나 자산소유에 대한 세제를 강화하는 과정에서 자산 불평등은 결정적으로 누그러지는 것이다. 자, 그렇다면 현재의 상속·증여세제 강화 또는 자산소득·자산소유에 대한 세제의 강화 또는 신설을 통해 걷힌 재원으로 무엇을 할 것인가? 남는 문제는 바로 이것이다.

기본자산제가 내포하는 문제들

일단 자산 및 그로부터 유래하는 소득에 과세하면 자산의 가치 자체가 떨어져 그로부터 유래하는 세수입은 생각보다 적을 가능성이 크다. 이러한 세제는 세수입 확보보다는 경제 주체들의 행태 변경을 목적으로 한다고 하는 편이 더 정확하다. 어쨌든 그로부터 일정한 세수입이 발생할 수 있고, 그 돈을 기본자산이 됐든 기본소득이 됐든, 아니면 그 어떤 형태로든 개개인에게 나눠줄 수는 있을 것이다. 하지만 그것이 최선일까?

논의를 자산 영역에만 한정하자. 저 돈을 해마다 만 25세가 되는 모든 청년에게 1억 원씩 기본자산으로 나눠준다고 하자. 우리 청년은 저 돈을 어떻게 써야 할까? 여행? 그게 국가가 매년 큰돈을 들여 지원해야 할 만큼 중요한 일인가? 창업? 그걸 모두가 해야 하나? 창업을 지원해주는 제도는 이미 많은데? 주거? 그 돈으로 집을 어떻게 사나? 전월세 보증금 정도라면 지금도 무이자에 가깝게 대출이 되는데? 아, 청년인데 꿈도 안 꾸냐고? 대체 왜? 그건 고정관념이다. 청년이든 노년이든 그냥 잠만 잘 자도 된다.

둘째, 기본자산제에 대해 그 옹호자들도 걱정하는 게 하나 있다. 우리 젊은이들이 그걸 들고 도박장에 가거나 주식이

2부. 기본소득의 현재: '기본'의 부활

나 코인에 투자(?)하면 어쩌겠냐는 거다. 그런데 그것이 이상한가? 이것이야말로 오늘날 자산(=목돈=여윳돈)의 궁극적이고도 거의 유일한 의미 아닐까? 투자야 소액으로도 할 수 있지만, 정말 운 좋게 10배의 수익을 내는 환상적인 투자처를 찾았더라도 원금이 1만 원이면 10만 원을 버는 것이지만, 원금이 1억 원이면 10억 원을 손에 쥐는 것이다. 이와 같이 합법적인 틀 안에서 '인생 역전'을 할 수 있는 것은 주식, 코인과 로또뿐이다. 다시 강조하건대, 과거 자산이 가졌던 고유한 의의들은 이제 거의 사라졌고, 자산의 의미는 투자를 통한 소득 창출이라는 것으로 수렴되고 있다. 그러니 우리의 청년이 기본자산 1억 원을 가지고 주식이나 코인을 하는 것은 조금도 이상하지 않으며, 그것을 금지하는 것은 가능하지도 않다.

셋째, 기본자산은 불평등 해소에 기여하더라도 그 정도는 매우 제한적일 수밖에 없다. 어차피 나눠줘봐야, 이런저런 경로를 거쳐—주요하게는 금융시장을 거쳐—기본자산으로 풀린 돈은 결국 시장에서 힘이 센 이들에게 흡수될 가능성이 크기 때문이다. 기본자산이라는 명목으로 시중에 풀린 자금이 외려 대자산가를 살찌우는 것으로 귀결될 가능성이 매우 농후하다. 만약 이렇게 평균적·장기적으로 시장의 평균수익률 이상을 거두는 것이 개인에게 매우 어려운 일이라면, 저 기본자산을 받은 개인은 이를 증권사나 은행에 맡겨두고 안정적인 수익을 누리는 게 기본자산을 활용하는 가장 합리적인 방식일 것이다. 그런데 이렇게 오늘날 자산 보유를 통해 사람들이 궁극적으로 얻고자 하는 것이 소득이라면, 국가는 그들에게 그냥 적정한 소득을 보장해주면 되지 않을까? 왜 굳이 자산을 준다는 것인가?

마지막으로 지적할 것은, 기본자산제는 국가균형발전에 역행할 가능성이 매우 크다는 점이다. 코로나19 위기 와중에도 수도권 집중은 극에 달하고 있고, 그것이 우리 경제와 사회의 지속가능성을 심각하게 위협하고 있다. 이런 상황에서 목돈을 손에 쥔 지방 청년의 선택이 어떠할지는 꽤 분명하다. 개인차를 고려하더라도, 지방 청년의 수도권으로의 유출이 가속화되리라는 데는 의심의 여지가 없다.

자산 불평등 해소는 자산의 보유 및 그로부터 유래하는 소득에 대한 과세를 강화함으로써 주로 이루어질 수 있다. 피케티 등의 연구가 보여준 대로 자산소득이 불평등에 기여하는 것은 소득 최상위층, 아무리 넓게 잡아도 인구의 5% 안쪽에서의 일이다. 따라서 이들에 대한 과세만 강화해도 자산에서 유래하는 불평등은 대체로 보정된다. 이 범위를 벗어나 있는 사람들의 소득은 대부분 노동소득으로 구성되어 있다. 이들을 모두 '고만고만한' 자산소득자로 만들어주는 게 자산 불평등 완화는 아닐 것이다.

맺음말: '기본'이 되는 사회를 향하여

이상의 논의에 따르면, 기본자산제는 단순히 최선이 아

닌 정도가 아니라 많은 문제점을 안고 있는 정책이다. 그런데도 기본자산제가 이토록 정치권 안팎에서 인기를 끄는 이유는 무엇일까? 무엇보다 그 직관성과 단순성이 큰 매력 포인트일 것이나, 급속한 경제·사회의 발전과 변화의 결과 개인에게 자산의 의의가 이미 크게 축소되었는데도 여전히 과거의 관념에 많은 이들이 사로잡혀 있다는 것도 하나의 이유가 아닐까 한다. 오늘의 경제 현실에 맞는 접근이 필요하다.

다른 한편, 기본자산제의 인기는, '기본' 시리즈의 유행이라는 최근 우리나라 정책 영역의 트렌드를 반영하기도 한다. 직접적으로 이는 우리 사회가 '기본'이 안 되었음을 방증하는 것이리라. 아무리 최첨단 기술로 무장한 삼성이 업계를 호령해도, 우리 경제 전체가 선진적이라고 하긴 어렵다. 아니, 삼성조차도 반도체는 잘 만들지만 자사의 노동자를 대하는 방식에선 여전히 후진적인 면모도 보이고 있다. 정부도 마찬가지다. 최근 'K-방역'의 성공이 보여주듯 어떤 면에선 세계 최고 수준을 달성했지만, 여전히 많은 영역에서 발전의 여지가 크다. 사회 정책은 그 부분 가운데 하나다.

결국 오늘의 글로벌 경제환경, 그리고 그 안에서 우리의 위상에 맞는 '기본'을 갖추는 것이야말로 우리의 첫 번째 과제가 아닐까? 사람들이 '기본' 시리즈에 호응하는 것은 바로 그런 의미에서일 것이다. 이에 비해 기본소득이나 기본자산은 이름에 '기본'이 들어갔지만, '기본 갖추기'의 한 방편일 뿐이다. 지금 우리에게 맞는 '기본'은 무엇일까?

6장

우리는 '기본소득 사회'로 가고 있는가

2020년은 한국 '기본소득 정치'의 역사에서 중요한 이정표로 기록될 것이다. 기본소득 실현이라는 단일 이슈에 집중하는 기본소득당이 1월에 창당됐고, 강령에 '기본소득 사회로의 전환'을 명시한 시대전환도 2월에 출범했다. 이어진 4월 총선에서 이 두 정당은 (다른 정당들과의 '선거 연합'을 통해) 각각 1명씩의 국회의원(비례대표)을 배출하는 성과를 냈다. 이뿐만이 아니다. 중도 성향인 더불어민주당의 몇몇 유력 정치인들이 기본소득을 지지하는 것이야 어제오늘 일이 아니지만, 보수를 표방하는 미래통합당(현 국민의힘)조차도 4·15 총선 이후 당 재건의 책임을 맡은 김종인 비상대책위원장을 중심으로 기본소득 옹호 입장을 세워나갔다.[1] 과연 2020년대의 대한민국은 '기본소득 사회'로 전환하고 있는 걸까?

한국에서 기본소득의 현실

사회의 전환까지는 몰라도, 기본소득의 인기가 최근 빠르게 높아지고 있는 것만큼은 사실이다. 왜 그럴까? 흔히 '4차 산업혁명'이라고 불리는 일련의 변화가 급속도로 체감되고 있기 때문이다. 여기서 말하는 변화란 지금까지와는 차원이 다른 기계화와 자동화로 일자리 수가 줄어들고 고용관계도 다변화하는 것을 의미한다. 자본주의 경제에서 대부분의 사람들에게 일자리란 소득 획득의 근거다. 안정적으로 소득이 들어와야 삶도 안정적으로 꾸려갈 수 있다. 최근 일자리 환경의 급속한 변화는 바로 그러한 안정성을 위협한다. 2019년 '타다'를 둘러싼 갈등은 우리 정부가 이해당사자들 간의 이견을 조율하고 필요한 제도를 정비함으로써 이러한 변화에 대응하는 데 아직은 서툴다는 것을 보여주기도 했다. 이 와중에 시민들의 불안이 커지는 것은 당연하며, 이들 중 일부는 스스로 대안을 찾아 나서게 마련이다. '모두에게 기본적인 삶에 필요한 기본적인 소득을 보장하라!'라는 기본소득론에 이목이 쏠리는 것은 놀랄 일이 아니다.

　기본소득의 인기 상승에는 최근 부쩍 증폭되고 있는 '일자리 위기' 말고도 2020년 들어 발생한 또 하나의 위기도 크게 기여했다. 바로 '코로나19 위기'다. 코로나19는 2019년 말에 중국의 한 지역에서 처음 발생이 확인된 뒤 삽시간에 전지구로 퍼졌다. 백신도 치료제도 없는 정체불명의 이 감염병이 경제활동 위축을 동반한 것은 당연하다. 감염을 피하기 위해 사람들이 할 수 있는 일은 (마스크를 쓰고 손을 씻는 것 외에) 반드시 필요한 경우가 아닌 한 집 밖에 나가지 않는 것이었으니 말이다. 보통의 경제위기가 규모가 큰 금융기관이나 대기업의 도산에서 시작되는 것과는 달리, 코로나19 발 경제위기는 우리 주변의 골목상권 침체에서 시작되었다. 동네의 카페에서부터 크고 작은 규모의 여행사나 식당 등에서 노동자들이 줄줄이 해고되었다. 도소매업에서 교육 관련 분야에 이르기까지 고객 응대에 종사하는 노동자들이 특히 큰 피해를 봤다. 아직은 본격화하지 않은 일자리 위기가 코로나19를 통해 성큼 다가온 것 같았다.

　코로나19의 확산은 또 다른 방식으로 기본소득에 대한 우리 사회의 관심을 증폭시켰다. 위기에 대처하는 과정에서 우리 정부가 2020년 5월에 시행한 '긴급재난지원금'을 통해서다. 예기치 못한 재난으로 피해를 본 국민에게 구호를 제공하는 것은 정부의 통상적인 업무다. 보통 이런 구호는 선별적으로 이루어진다. 피해를 본 이들에게만, 그리고 피해의 정도에 비례해 지원해주는 게 원칙이다. 그러나 이번엔 달랐다. 코로나19의 피해가 국민 모두에게 무차별적으로 미쳤기 때문이다. 피해의 정도가 천차만별인 것은 사실이나, 개인의 피해 정도를 파악하는 것은 사실상 불가능에 가까웠다. 이런 상황에선 차라리 지급 단계에서 차별을 두지 않는 게 나을 수 있다.[2] 결과적으로 긴급재난지원금이 (일련의 논란 끝에) 전 국민을 대상으로 한 '보편적 현금(성) 급부'의 성격을 갖게 된 것이다.[3] 이 성격은 기본소득의 핵심 요건으로서, 기본소득을 구성하는 여러 요건 중에서도 가장 구현하기 어려운 축에 속한다. 그러니 긴급재난지원금 자체를 기본소득이라고 하기는 어려워도, 평소 기본소득에 호의적이었던 이들에게 그것이 본격적인 기본소득제 실현을 위한 '마중물' 정도의 의미로 다가갔으리라는 건 충분히 이해할 만한 일이다.

　어디 그뿐인가? 긴급재난지원금이 실제로 지급되자 국민들은 열광했고, 이 열광은 쉽게 기본소득에 대한 환호로 이어졌다. 지원금의 성공은 반신반의하던 사람들, 심지어 반대자들까지도 기본소득 지지자로 돌려세우기에 충분했다. 과연 우리 사회는 긴급재난지원금을 타고 '일자리 위기'의 파고를 넘어 '기본소득 사회'로 전환할 수 있을까?

코로나19 발 경제위기의 독특한 성격: '관리된 위기'

2020년 상반기의 세계는 '코로나19'로 명명된 호흡기 질환 때문에 그야말로 아수라장이 되었다. 코로나19는 2019년 12월 중국에서 처음 보고된 이후 불과 3개월여 만에 전 세계를 뒤덮었고, 마침내 2020년 3월 11일 세계보건기구WHO는 코로나19가 전 지구적 대유행병('팬데믹')임을 선언했다.

코로나19는 단순한 역학적 현상이 아니다. 특히 그것이 경제에 미치는 충격은 전례를 찾을 수 없을 정도로 심각했다. 무엇보다 경제활동이 위축되었다. 국제통화기금IMF에 따르면, 2020년 세계경제는 3.1% 쪼그라들었다.

2020년 당시에는 충격이 이보다 훨씬 더 클 것으로 여겨졌다. IMF는 세계경제 전체와 몇몇 나라들의 성장률 전망치를 분기마다 공식 발표한다. 이 기관은 2020년 1월에 그해 세계경제가 3.3% 성장할 것으로 내다봤다. 그러나 그로부터 불과 3개월 뒤에는 이 수치를 −3.0%로 낮추지 않을 수 없었고, 2개월 뒤에는 −4.9%로 한층 더 떨어뜨렸다. 이는 IMF가 그동안 내놓은 전망치 가운데 가장 낮은 값이다. 비슷한 시기 경제협력개발기구OECD는 2020년에 세계경제가 무려 6.0%

줄어들리라 예측했다. 이 정도면 2020년 세계경제 상황을 묘사하는 데 '공황'보다 더 적절한 단어는 없을 것이다. 경제가 위축되는 것도 문제였지만, 코로나19가 어떻게 전개될지를 몰랐다는 게 더 큰 문제였다. 코로나19가 본격화된 이후 각 기관이 시나리오별로 상이한 전망치를 내놓는 것은 일종의 관행이 되었다(〈표 6-1〉).

　코로나19 경제위기를 근래 세계경제의 가장 큰 위기, 즉 2007~2008년 글로벌 금융공황과 비교해보자. 보통 경제에 갑작스럽게 충격이 가해지는 것과 그 충격이 경제의 각 부문으로 퍼져나가 실제로 경제의 성과performance 감소로 실현되는 것 사이에는 시차가 있다. 당시 충격은 주로 선진 경제권의 금융 부문을 중심으로 2007년과 2008년에 발생했지만, 그에 따라 세계경제의 연간 성장률이 가장 많이 떨어진 것은 2009년(-0.07%)이었다. 주목할 것은, 〈그림 6-1〉에서 보듯 2009년 세계경제성장률에 대한 IMF의 전망치가 가장 악화했을 때(2009년 4월)조차 -1.32%에 그쳤다는 점이다. 그런데 2020년 4월에 IMF는 이미 -3.0%라는 수치를 내놓았고, 그것마저 2개월 뒤 -4.9%로 크게 떨어뜨렸다. 그렇다면 정말로 이번 코로나19 발 경제위기가 글로벌 금융위기 때보다 나쁜 걸까? 질문을 더 일반화시키면, 보통의 경제위기에 비해 코로나19 위기가 갖는 독특한 성격은 무엇인가?

　코로나19 발 경제위기의 특성을 다음과 같이 꼽아볼 수 있다. 첫째, 보통의 경제위기는 경기의 '이상 과열'에 뒤이은

〈표 6-1〉 주요 기관의 세계경제 및 한국경제 성장률 전망(단위: %)

기관명	전망 시점		세계경제		한국경제	
			2020	2021	2020	2021
국제통화기금 (IMF)	2020.01		3.3	3.4	2.2	2.7
	2020.04		-3.0	5.8	-1.2	3.4
	2020.06	(기본 전망)	-4.9	5.4	-2.1	3.0
		(21년 상반기 2차 대유행)	-	0.5	-	-
		(빠른 회복)	-4.4	8.4	-	-
	2020.10	(기본 전망)	-4.4	5.2	-1.9	2.9
경제협력개발 기구(OECD)	2020.03		2.4	3.3	2.0	2.3
	2020.06	(기본 전망)	-6.0	5.2	-1.2	3.1
		(20년 하반기 2차 대유행)	-7.6	2.8	-2.5	1.4
	2020.09	(기본 전망)	-4.5	5.0	-1.0	3.1
세계은행(WB)	2020.01		2.5	2.6	-	-
	2020.06		-5.2	4.2	-	-
한국은행	2020.05	(기본 시나리오)	-3.4	4.8	-0.2	3.1
		(낙관 시나리오)	-2.5	5.9	0.5	3.8
		(비관 시나리오)	-7.1	-0.7	-1.8	1.6
	2020.08	(기본 전망)	-4.1	4.7	-1.3	2.8
	2020.11	(기본 전망)	-	4.8	-1.1	3.0
실제치	2022.01	(IMF 자료)	-3.1	5.9	-0.9	4.0

갑작스런 폭락으로 특징지어지지만,[4] 코로나19 경제위기엔 경기 과열 현상이 선행되지 않았다. 2007~2008년의 상황을 떠올려보자. 〈그림 6-1〉에서 보듯, IMF는 2007년 가을(10월)까지도 2009년 세계경제성장률이 5%를 넘으리라 전망하고 있었다. 영국의 노던록, 미국의 베어 스턴스, 페니메이, 메릴린치, 그리고 결정적으로 리먼 브라더스가 파산한 뒤인 2008

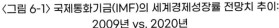

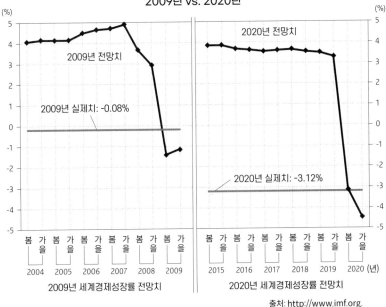

〈그림 6-1〉 국제통화기금(IMF)의 세계경제성장률 전망치 추이:
2009년 vs. 2020년

2009년 전망치

2009년 실제치: -0.08%

2009년 세계경제성장률 전망치

2020년 전망치

2020년 실제치: -3.12%

2020년 세계경제성장률 전망치

출처: http://www.imf.org.

년 10월에도 2009년 전망치는 3%를 웃돌고 있었다. 2009년 4월이 되어서야 IMF는 그해에 세계경제가 수축할 수 있음을 비로소 인정했다. 이와 같은 예측되지 않은 갑작스러운 폭락, 전망의 전환은 말 그대로 '공황'이다. '이상 과열'에 가장 적합한 부문이 금융이며, 전통적 제조업체들이 과열되는 경우에도 어김없이 금융적 수단들이 동원된다. 따라서 한 기업, 한 부문의 붕괴는 전 지구적으로 구성된 금융적 연결망을 타고 경제 전체로 삽시간에 퍼진다. 이 과정에서 민간 경제 주체는 물론이고 정부조차도 우왕좌왕하며 위기를 증폭시킨다.

반면 코로나19가 창궐하기 직전 세계경제 상황은 어떻게 보더라도 밝았다고 할 수는 없다. 코로나19 직전 세계경제가 2007~2008년의 글로벌 금융공황, 그리고 그에 잇따른 대침체Great Recession와 (몇몇 선진국들을 중심으로 한) 재정위기의 여파에서 헤어나온 것처럼 보였던 것도 사실이다. 미국이 이 흐름을 주도했다. 미국은 이미 2015년 12월에 무려 8년간 사실상 제로 수준에서 유지해오던 기준금리를 0.25%포인트 인상하는 것을 시작으로 '금리 정상화' 과정에 들어갔고 2018년에는 2.9%의 경제성장률을 시연하며 글로벌 금융위기의 여파에서 완전히 탈피한 듯한 모습을 보였다. 그러나 이러한 훈풍은 미국 국경을 넘지 못했고, 2018년 말부터 경제는 다시금 균열을 드러내기 시작했다. 이는 그즈음부터 하락하는 IMF의 세계경제 전망에도 드러난다(〈그림 6-1〉). 결국 미국도 2019년 7월에 3년 반 동안 이어오던 금리 인상 기조(이른바 'tapering')를 뒤집을 수밖에 없었다. 코로나19의 발생과 확산은 이러한 세계경제의 하락 기조 속에서 발생했다.

둘째, 코로나19 발 경제위기는 경제 체계의 급작스러운 붕괴를 수반하지 않았다. 기본적으로 이 위기의 직접적 원인은 정체불명의 감염병이다. 병에 걸려서 죽을 수도 있다는 공포 때문에 사람들이 집 밖으로 나가지 않았고 공장이 문을 닫았다. 그러니 경제활동이 전반적으로 위축되는 것은 충분히 예측 가능한 일인데, IMF가 2020년 세계경제의 성장전망치를 불과 3개월 만에 6.3%포인트나 내릴 수 있었던 것도 그 덕분(?)이라고 이해할 수 있다.

　이상의 두 가지 특징은 이번 코로나19 위기의 심각성을 강조하기도 하지만, 동시에 정부 대응의 신속성과 실효성을 높여주는 데 기여하고 있기도 하다. 일반적인 경제위기에서는 초기에 정부의 미온적 대응이 사태를 키우는 주된 요인이었던 데 비해, 세계 각국이 코로나19 발 경제위기에 대응하기 위해 구사한 통화 정책과 재정 정책은 실로 사상 최대 규모였다.[5] IMF에 따르면 이미 2020년 4월 기준에서 보아도 전 세계 190여 개 나라에서 코로나19에 대응한 다양한 형태의 통화금융 정책과 재정 정책을 펴고 있다. 각국의 경제 정책 당국은 당시 무엇을 해야 할지를 '대충은' 알고 있었다.

　셋째, 바로 그런 의미에서 코로나19 위기는 상당 정도로 정부에 의해 '관리되는' 위기다. 처음에 사람들이 바깥에 안 나갔던 것은 공포 때문이었다. 그러나 일정 국면 이후 '사회적 거리두기'라는 이름으로 일종의 공공 캠페인이 벌어졌다. 가급적 외출을 삼가고, 불가피하게 바깥에 나가더라도 마스크를 하고 타인과 일정한 거리를 두라는 것이다. 왜 이것이 필요한가? 병의 확산을 늦추기 위해서다. 환자의 발생을 현재의 의료 인프라가 감당할 수 있는 수준으로 통제하고, 이렇게 벌어들인 시간 동안 방역 체계를 강화하고 백신·치료제를 개발한다면 코로나19의 피해를 최소화할 수 있을 것이다. 이것이 '사회적 거리두기'의 취지다. 이제 사람들은 자신이 왜 바깥에 나가지 않아야 하는지를 '이해'하게 된다. '손님이 없어서 가게 문을 닫는 게 아니라, 코로나19 확산을 늦추기 위해 가게 문을 닫아야 한다.' 이것은 맹목적 경제 과정의 결과로서의 '공황'과는 다르다.

긴급재난지원금, 코로나19 위기에 대한 긴급 처방전

이런 특수한 경제위기에 대응한 국가의 정책은 크게 두 가지 목표를 갖는다. 첫째, 코로나19의 유행에 따라 경제활동이 위축되는 동안 경제의 재생산을 최소한도로라도 보장하는 것이다. 여기에는 위기 진행 과정에서 소득 기반을 잃어버린 사람들의 삶의 재생산, 그리고 불가피하게 기능을 멈춘 생산설비의 보존이 포함된다. 따라서 국가는 사람에게는 삶의 재생산에 필수적인 재화와 서비스를 직접 지급하거나 이를 구매할 수 있는 수단(화폐 또는 그 대응물)을 지급해야 할 것이고, 생산설비의 보존을 위해서는 금융적 지원을 아끼지 말아야 할 것이다.[6] 코로나19에 대응하는 경제 정책이 갖는 두 번째 목표는 위축의 과정에서 경제 전체가 체계적 위기에 빠지지 않도록 그 과정을 관리하는 것이다. 코로나19가 야기하는 경제활동 위축은 지극히 불균등하고 불규칙적이다. 만약 위축의 과정에서 경제의 취약한 부분이 잘못 자극받기라도 하면 2007~2008년에 보았던 것과 같은 체계 전체의 붕괴까지 가지 말라는 법은 없다.

이러한 두 가지 목적에 두루 봉사하는 정책 처방이 바로 우리나라에서는 '긴급재난지원금'이라는 이름으로 시행된 전 국민에 대한 현금 지급 정책이었다. 그것은 코로나19의 확산에 따라 최소 수준의 소득도 확보하지 못하는 불특정 다수의 국민의 삶의 재생산을 보장해주는 것일 뿐만 아니라, 그렇게 함으로써 위기가 '체계적으로' 확산되는 것을 방지하는 기능도 수행한다.

국내에서 이 정책은 '재난기본소득'이라 불리기도 했다. 2020년 2월 중순 대구의 집단감염 발생을 계기로 국내에서 코로나19 확산은 본격적인 국면을 맞았고, 그즈음부터 몇몇 단체와 개인을 중심으로 '재난기본소득' 제안이 터져 나왔다. 그러다가 3월 8일 김경수 당시 경상남도 도지사가 기자회견을 통해 제도권 정치인으로서는 처음으로 '모든 국민에게 100만 원 일시금 지급'을 주장했고, 때마침 미국의 유력 경제학자들까지 나서서 전 국민 일시금 지급의 정당성을 옹호한 것이 향후 논의의 방향을 결정했던 것으로 여겨진다. 이후 긴급재난지원금은 여야 정치권, 정부와 청와대, 여러 지자체 및 시민사회 간의 첨예한 의견 대립 끝에 가구원 수별로 액수를 차등해서,[7] 그리고 소득 하위 70%에게만 선별 지급되는 것으로 결정되었다(3월 30일). 이러한 정부안은 국회 토론 과정에서 가구원 수별 차등은 그대로 둔 채 지급 대상은 70%에서 100%로 늘리는 것으로 수정된다. 이로써 모든 국민에게 현금(또는 그 대응물인 상품권)을 지급하는 정책이 대한민국 역사상 처음으로 시행된 것이다.[8]

이번 긴급재난지원금이 '재난 및 안전관리 기본법'에 명시된 일반적인 재난지원금과 다른 점은 특정 개인이나 집단이 아닌 '전 국민'을 그 지급 대상으로 한다는 것으로, 여기엔 다음과 같은 취지가 담겨 있는 것으로 이해할 수 있다. 첫째, 재난(코로나19)의 피해가 특정 지역이나 기업·업종을 넘어 국민 모두에게 무차별적으로 미치고 있다. 둘째, 극심한 피해를 본 이들을 선별하는 데 많은 시간이 들기 때문에, 긴급한 지원을 위해서는 사전적 선별 과정을 생략한 보편 지급 방식이 타당하다. 다만, 당장은 모두에게 같은 액수를 지원해도 나중에 조세 체계를 통해 소득액에 비례해 지원금을 회수할 수 있게 하자는 주장도 있었으나, 이는 정부안에서는 배제되었다. 셋째, 코로나19 확산을 늦추기 위해 정부가 장려하는 '사회적 거리두기'는 필연적으로 경제활동을 위축시키는 부작용이 있으므로, 정부가 '거리두기'를 정책적으로 추진하는 한 전 국민 대상의 소득 보전 정책이 동반되는 것이 논리적으로나 현실적으로 타당하다. 끝으로, 부차적이기는 하지만, 전 국민을 대상으로 충분한 현금을 지급함으로써 침체된 경제를 일으키는 데 기여할 수 있다.

긴급재난지원금, 무엇의 마중물인가?

이제 이 장의 궁극적 질문으로 나아가보자. 코로나19 위기에 대응하기 위해 아마도 대한민국 역사상 처음으로 정부가 국민 모두를 대상으로 지급한 현금인 긴급재난지원금은, 과연 우리 사회를 기본소득 사회로 전환할 마중물이라고 할 수 있을까?

우리 정부가 전 국민에게 긴급재난지원금을 지급한 이유는 명확하다. 국민의 기본적인 삶의 재생산을 보장하기 위함이다. 하지만 그러한 목적을 꼭 긴급재난지원금과 같은 무차별적 현금 지원으로 달성할 필요는 없다. 구체적인 방식은 각국의 사정, 특히 재정 여력이나 제도 환경에 따라 얼마든지 달라질 수 있다. 이를 이해하기 위해 다른 나라들은 어떤지를 살펴보는 게 유용하다. 〈표 6-2〉에서 보듯, 2020년 6월 말을 기준으로 우리의 긴급재난지원금과 같은 보편적 현금 지원책은 미국, 일본, 홍콩, 싱가포르 등에서 실시되고 있다. 어떤 나라들인가? 대체로 어느 정도 '살 만한' 나라들이긴 하다. 그렇다면 이른바 '복지 천국'이라고 일컬어지는 서유럽과 북유럽 나라들은 어떨까? 독일? 프랑스? 스웨덴? 어느 나라에서도 국민 모두에게 같은 액수의 (가구원 수에 따라 차등해서) 현금을 지급한다는 얘기는 없다.

이것을 어떻게 이해할 수 있을까? 현대 자본주의의 일반적인 국가형태인 복지국가는 임노동제를 보조함으로서 자본주의 경제의 재생산을 보증하는 기능을 한다. 물론 그 구체적인 양상은 모두 사회 세력들 간의 갈등과 투쟁을 통해 결정된다. 어쨌든 경험적으로 확인된 것은 대체로 임노동제와 복지국가의 발달은 함께 진행된다는 점이다. 여기서 임노동제란

〈표 6-2〉 보편적 현금(성) 지원책 시행 사례

나라	지급 대상	지급 단위	지급액	지급 수단	총예산 규모
한국	전 국민	가구	가구원 수별로 지급액 차등 • 1인 40만 원 • 2인 60만 원 • 3인 80만 원 • 4인 이상 100만 원	신용카드, 체크카드, 선불카드, (지역사랑) 상품권	14.3조 원
미국	시민권자, 영주권자, 유효한 취업비자 가진 미국 영토 거주자 • 연소득 7.5만 (부부 합산 15만) 달러 이하 조건	개인	1,200달러(=약 150만 원) • 만 17세 이하 자녀 1인당 500달러 추가 • 소득 기준 초과 시 초과 소득 100달러당 지급액 5달러씩 차감	계좌 송금, 수표 발송	2,900억 달러 추산
일본	전 국민	개인	10만 엔(=약 114만 원)	계좌 송금	약 12.7조 엔
홍콩	18세 이상 전체 시민권자 및 영주권자	개인	1만 홍콩달러 (=약 160만 원)	미정	약 710억 홍콩달러 추산
싱가포르	21세 이상 국민 및 영주권/장기 체류권자	개인	소득 기준(2019년)에 따라 600~1,200싱가포르달러 (=약 52~104만 원) • 10만 이상 600 • 2.8만~10만 900 • 2.8만 이하 1,200	계좌 송금, 수표 발송	57억 싱가포르달러 추산

출처: 국회예산정책처, 《2020년도 제2회 추가경정예산안 분석》(2020)을 참조해 작성.

그것을 구성하는 두 축인 자본가계급과 노동자계급 간의 관계의 제도화이기도 해서, 임노동제가 발달했다는 것은 곧 양자 관계의 제도화 수준이 높음을 의미한다. 이런 제도를 갖춘 나라에서 코로나19와 같은 위기가 닥친다면 어떨까? 무엇보다 그 충격의 상당 정도는 바로 그 제도에 의해 흡수되고 또 조절될 것이다.

이런 위기 상황에서는 대다수 국민에게 최소한의 소득을 보장해 그들이 필수적 소비에서 배제되지 않게 하는 것이 무엇보다 중요하다. 그런데 자본주의 경제에서 대다수 사람들의 소득은 임노동의 결과이므로, 어떤 정부든지 고용 동결을 선포함으로써 노동자들의 소득을 보장할 '경로'를 확보하고자 할 것이다. 고용이 동결되면 정부는 기업을 통해 노동자의 임금을 보전해줄 수 있을 것이다. 실업 상태에 있는 노동자는 실업보험 등 고용안전망을 통해 도움을 받을 수 있다. 이렇게 노동자에 대한 지원 정도가 확정되면, 그에 준해서 자영업자에 대한 지원책도 결정할 수 있을 것이다. 이러한 방식은 정부가 국민 모두를 상대로 직접 지원책을 시행하는 것보다 효율적이기도 하고, 기업이라는 중간 매개를 통해 노동자 개개인의 처지를 고려할 여지도 있어서 더 실효적이다. 결국 이번 코로나19 위기에 대응해 발달한 복지국가에서 우리와 같은 보편적 현금 지급 정책을 시행했다는 소식이 들리지 않는 것은 거기에선 그런 정책이 불필요하기 때문일 가능성이 크다는 얘기다.[9]

다른 한편, 선별이 아닌 보편의 방식이 채택된 것도 비슷한 맥락에서 살필 수 있다. 코로나19는 여타의 재난과 달리 국민 모두에게 그 정도는 다르지만 무차별적으로 피해를 미쳤다. 이러한 피해에 비례해 지원을 하려면, 피해를 정의하고 그 피해를 본 사람과 보지 않은 사람, 그리고 피해를 본 정도를 가려낼 수 있어야 한다. 명시적인 토론이 있었던 건 아니지만 우리 사회는 코로나19에 따른 피해를 '소득액'으로 본다는 합의에는 빠르게 이르렀다. 문제는 여기서부터였다. 이제 각자의 소득을 측정해 피해의 정도를 가려야 하는데, 그게 어려웠다. 일부 공무원이나 정규직 월급쟁이는 문제가 아니다. 정부가 손을 쓰기도 전에 일터에서 잘려나간 사람들, 이른바 '자영업자'라고 하는 거대한 집단, 그 밖에 하는 일도 없어 보이는데 어디서 돈이 나오는지 잘만 사는 사람들(예: 건물주 등), 이들의 소득은 애초에 파악조차 안 되고 있다. 아니, 파악되더라도 정부 부처 간의 칸막이 때문에라도 정부가 적극적인 정책을 펴는 데는 전혀 도움이 안 되었다. 이런 상태에서 선별 지원은 사회 갈등만 유발할 뿐이다. 그것이 보편으로 갈 수밖에 없었던 핵심적 이유다.

요컨대, 우리나라에서 코로나19 대응 과정에서 요긴한 역할을 했다고 여겨지는 긴급재난지원금은 이른바 '선진국' 중에서 복지제도가 비교적 약한 나라에서 시행된 '고육지책'이었다고 하는 편이 타당해 보인다. 경제는 빠르게 발달했지만, 정부의 행정이나 정책은 그에 못 미치는 우리의 한계도 이번에 여실히 드러났다. 사실 우리나라도 정부가 기업에 대해 고용 동결을 '권고'하기는 했지만, 그 조치가 너무 늦은 데다가 강제력도 약했다. 이런 조치의 실효성은 궁극적으로 자본-노동 관계의 성숙도에 의존하는데, 노동조합 조직률이 터무니없이 낮은 것만 봐도 우리는 아직이다. 전 국민 대상 보편적 현금 지원책이 시행된 다른 나라들의 면면을 보면 이런

2부. 기본소득의 현재: '기본'의 부활

인상은 더욱 굳어진다. 코로나19가 복지 체계가 제대로 갖춰지지 않은 저개발국들로 빠르게 확산되는 중에 유엔개발계획UNDP이 해당국들에 대하여 우리의 긴급재난지원금과 같은 보편적 현금 지급책의 시행을 권고한 것도, 그러한 정책의 성격을 말해주는 것 같다.[10] 그렇다면 긴급재난지원금은 본격적인 기본소득 사회로의 이행이 아니라 더 강력하고 효율적이고 스마트한 복지국가 도입의 필요성을 가리키는 것은 아닐까? 실제로 지금까지 설명한 여러 이유로 우리 정부의 1차 긴급재난지원금은 보편적 성격을 띨 수밖에 없었지만, 정부가 상황 통제력을 확보해감에 따라 2차 이후의 지원금은 선별적으로 시행되었다.

맺음말: 기본소득의 '제자리'는?

이상의 논의가 기본소득론의 미래에 어떤 함의를 가질까? 결론부터 밝히자. 첫째, 오늘날의 기본소득론 앞에 놓인 운명은 이제까지 '기본' 논의들이 겪었던 것과 비슷한 패배에 가까울 것이고, 패배의 가장 큰 원인은 기본소득론 특유의 개념적 경직성에 있다. 둘째, 그러나 기본소득론이 담고 있는 '기본'의 정신과 방법론(보편성)은 현대 복지국가의 틀에서 선택적으로 받아들여질 것이다. 그런 의미에서, 기본소득 관련 논의가 '기본소득이냐 복지국가냐'라는 단순한 이분법 구도로 진행되는 것은 바람직하지 않다. 이 구도를 적극적으로 내세웠던 쪽은 기본소득론자들이었지만, 지금은 복지국가의 전면 폐지를 주장하는 극단적 기본소득론자들의 목소리를 듣기가 몹시 어렵게 된 것도 사실이다. 왜 그럴까?

기본소득이라는 단순한 아이디어 하나가 우리 사회에 파문을 내기 시작한 2000년대 중반 이래 사람들이 기본소득을 보는 관점이나 거기에 부여하는 의의 따위가 늘 한결같지는 않았다. 아무래도 논의 초기에는 기본소득의 정의, 기본소득이 여타 사회적 급부나 기존 복지제도에 비해 갖는 장점(보편성?), 기본소득이 담고 있다고 흔히 주장되는 이념(자유?) 등을 추상적 차원에서 다루는 사례가 많았다. 자연스러운 일이다. 그러나 (부분적으로는 초기 옹호자들의 노력의 결과) 기본소득의 성격을 갖는다고 여겨지는 정책들이 실제로 몇몇 지방자치단체에서, 나아가 중앙정부에서 실행됨에 따라 기본소득 논의도 한층 더 구체적인 차원으로 논의되지 않을 수 없었다. 초기에는 무엇이 기본소득이고 무엇이 기본소득이 아닌지를 가려내기 위한 정의의 엄밀성이 추구되었다. 그러나 언제부터인가 우리의 논의는 제도의 핵심 취지를 견지하면서도 정의를 어디까지 완화시킬 수 있느냐에 점차 기울어갔던 게 아닌가 한다. 이 과정에서 기본소득론은 개념적 순수성은 서서히 잃어버리는 대신 강력한 현실성을 얻어 나갔다고 여겨진다.

개념적 불순화를 통한 현실성 획득, 만약 최근 15~20년 동안 우리나라에서 기본소득론의 행로를 이렇게 묘사할 수 있다면, 기본소득의 미래와 관련해서도 '완전한 기본소득 사회'라는 식의 비전은 현실성이 극히 떨어진다고 해야 할 테다. 이 기간에 우리나라에서 '약한' 기본소득이라고 볼 수도 있는 정책들이 정부에 의해 시행된 것은 사실이다. 만 65세 이상의 노인 대부분은 기초연금을 받을 수 있게 되었고, 만 7세 미만(2022년 4월부터는 만 8세 미만)의 모든 아동은 아동수당을 받게 되었으며, 소득 등 일정한 조건을 충족하는 청년 가운데 희망자는 국가로부터 아무 데나 쓸 수 있는 수당(고용지원금)을 일정 기간 받을 수 있게 되었다. 기본소득 옹호자들은 이런 사례들을 우리 사회에서 기본소득이 점차 실현되고 있다는 증거로 삼고자 할지도 모른다.

하지만 과연 그럴까? 개념적 순수성이 훼손된 기본소득을 기본소득이라고 부를 수 있을까? 더구나 4장에서 논했듯이 기본소득의 경우엔 그 개념을 구성하는 규정들의 엄밀함이 그것을 기존의 복지국가 제도들과 구별해준다는 점에서 본질적이라는 걸 떠올려보라. 위 제도들이 도입되는 과정에서 기본소득 옹호자들이 중요한 역할을 한 것은 부정할 수 없다. 그러나 어느 나라에서 기초연금이나 아동수당 같은 제도를 기본소득제라고 부르는가? 오히려 1부에서 살펴보았듯이, 역사적으로 기본소득론자들은 그러한 조건부 수당들을 폐지하고 단일하고 보편적인 기본소득을 도입할 것을 줄기차게 주장해오지 않았던가?

노인기초연금, 아동수당, 청년수당 등은 보편적이고 무차별적인 성격을 내포하기는 하지만 장차 '완전한' 기본소득으로 발전할 가능성을 품은 기본소득의 맹아가 아니다. 그 반대다. 이들은 기본소득론이 가지고 있는 '기본'의 취지가 현대 복지국가의 틀 안에서 받아들여지는 형식일 따름이다. 그것들은 복지국가의 다른 제도들과 앙상블을 이루며 복지국가를 구성하는 요소로 기능하고, 또 그런 의미에서 복지국가를 강화하는 데 봉사한다. 기본소득론의 이상은 실현되고 있는 게 아니라 다시금 좌절되고 있다.

지금 우리는 기본소득론이 처음 나타났을 때와는 아주 다른 세상에 살고 있다. 어떤 경제 체제든지 그 구성원의 삶의 안정적 재생산을 보증하지 못하면 유지될 수 없다. 과거에 이 재생산은 대체로 개인에게 맡겨져 있었다. 그러니 이 개인에게 일정한 생산의 기반(기본자산)이나 소비의 기반(기본소득)을 주는 것으로 충분했을지도 모른다. 지금은 아니다. 과거 그 어느 때보다도 국가가 중요한 역할을 하고 있다. 국가는 그간 이루어진 민주주의와 과학기술의 발전을 흡수해 다양한 현대적인 정책 수단들을 개발해놓았다. 그러한 수단들을 통해 국가는 삶에 필수적인 소비 대상을 직접 공급하기도 하고, 다양한 명목으로 국민에게 현금(성) 이전을 행하기도 한다. 오늘날 발달한 자본주의 나라에서 개인의 삶과 경제 전체의 재생산의 3할 이상이 이렇게 국가를 거쳐 이루어지며, 일부 나라에선 절반이 넘는다.

현대 경제에서 대다수 인민대중의 삶은 임금이나 이윤 같은 시장소득(A), 국가의 공적이전소득(B) 및 현물성 복지서

비스(C) 등 크게 세 경로를 통해 재생산된다. 결국 사람들의 삶이 안정적으로 재생산되느냐 여부는 A·B·C의 배합의 안정성에 달려 있다고 해도 좋을 것이다. 바로 그 안정성이 지금 흔들리고 있다. 기본소득론자들이 오늘 한국사회에서 이러한 사정을 가장 적극적으로 고발하는 세력 가운데 하나인 것은 분명하다. 그러나 현재의 문제가 기본소득론자들이 주장하는 방식으로 풀리지는 않을 것 같다. 기본소득론은 A와 관련해서는 체념적 태도를 유지하는 한편(4차 산업혁명에 따른 일자리 소멸), C에 대해선 매우 소극적으로만 인정하거나 심지어 부정하기도 하면서(복지국가의 폐해), 국가의 역할을 거의 전적으로 B에 한정하고 있다. 그러니 오늘날과 같은 상황에서 기본소득론은 오직 '공적이전소득'과 관련된 독특한 입장, 즉 삶의 안정성을 오로지 B에만 맡기고자 하는 매우 독특한 입장으로 상대화되는 게 적절하다. 이것으로는 오늘 우리가 직면하고 있는 경제 문제를 온전히 다룰 수 없다. 우리는 여전히 생산과 고용에 대하여, 국가의 역할에 대하여 심각하게 고민하지 않으면 안 된다. 3부에서 이 문제를 상세히 다뤄보도록 한다.

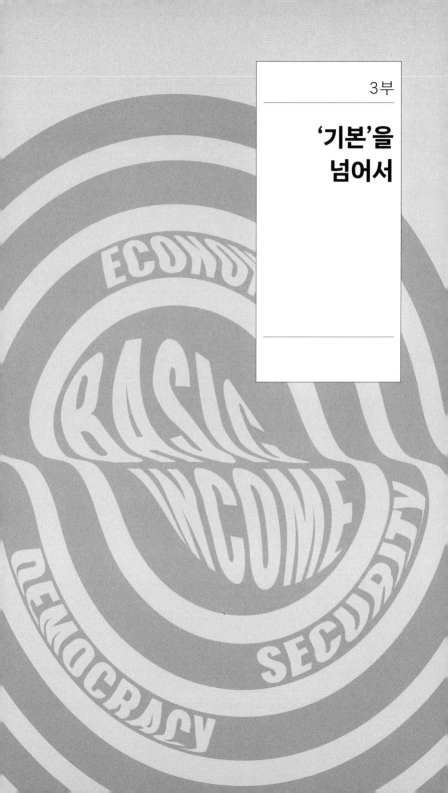

3부

'기본'을 넘어서

7장

무엇을 보장할 것인가:
소득이 아니라 경제적 안전을

지금까지 우리는 '기본'의 과거와 현재를 살폈다. 이에 따르면, 기본소득론은 현대 경제에는 맞지 않는 정책이다. 경제 문제에 대한 지나치게 단순한 해법이고 현실에서 채택될 가능성도 높다고 보기 어렵다. 이러한 단순성의 뿌리는 225년 전 최초의 '기본'론자들의 현실관에 있음을 우리는 1부에서 살펴보았다. 이미 마르크스 같은 동시대인들도, 1790년대의 페인이나 1840년대의 벨기에·네덜란드 지역의 푸리에주의자들 같은 1세대 '기본'론자들이 자본주의 체제를 너무 단순하고 쉽게 본다고 비판한 바 있다. 그에 더해 오늘날의 기본소득론은 이후 200여 년의 시간 동안 자본주의 체제에 누적된 복잡성의 두께를 적절히 흡수하지도 못했다고 여겨진다.

이렇게 기본소득론이 경제와 사회의 문제를 포착하고 그 해법을 제시하는 열등한 방식이라면 그것은 도태되는 게 순리일 것이다. 그런데도 기본소득론이 오늘날과 같이 큰 인기를 누리는 까닭은 무엇인가? 여러 이유가 있겠지만, 최근 우리 사회에서 경제와 사회의 문제를 보는 시각 자체가 전체적으로 단순화하고 있다는 것도 하나의 중요한 배경일 것이다. 그러니까 기본소득론의 대안이라고 할 만한 주요 제안들도 기본소득론과 마찬가지로 단순해지고 있다는 얘기다.

이번 장에서는 그러한 단순화를 '불평등' 문제의식의 일반화라는 측면에서 조명한다. 줄잡아 2007~2008년 글로벌 금융공황 이후 경제와 사회의 온갖 문제들을 '불평등'이라는 프리즘을 통해 파악하는 것이 하나의 유행이 되고 있다. 불평등이 화두로 떠오르는 것 자체가 잘못된 일은 아니다. 문제는 그것의 과잉이다. 요즘엔 비정규직이나 성·인종·학력·출신지역 등에 따른 차별 등이 그저 소득 불평등의 문제로 인식되고 있지 않은가? 우리 경제 특유의 재벌 문제도 대기업-중소기업 간의 불공정이나 이익 분배의 불평등 문제로 간주된다. 이렇게 문제가 단순하게 인식되니, 그 해법도 단순해진다. 불평등을 바로잡는 가장 손쉬운 방법이 무엇인가? 국가에 의한 결과(불평등)의 시정, 곧 소득재분배다. 이제 다양한 입장에서 다양한 재분배 제안이 제출된다. 그러나 소득재분배의 '끝판왕'은 기본소득이 아니겠는가? 4장에서 보았듯이, 기본소득론은 돈을 걷어야 하는 이유(제 몫 돌려주기)와 나눠줘야 하는 이유(불평등 해소를 위해 모두에게 똑같이)가 다른 어떤 제안들과 비교해도 가장 확실하기 때문이다.

그러나 단순하게 파악한다고 해서 진짜 현실이 단순해지는 것은 아니다. 그러므로 기본소득을 대체할 대안을 모색할 때는, 사회경제적 문제가 점차 단순하게 파악된다는 최근의 경향에 대한 반성에서 출발해야 할 것이다. 이를 통해, 현재 우리가 직면한 문제가 입체적으로 파악되어야만 비로소 적절한 해법이 모색될 수 있다. 기본소득론이 문제 해결에 어떤 기여를 할 수 있는지에 대해서도 그때 가서야 제대로 평가할 수 있을 것이다.

'불평등' 문제의식: 환원주의

바야흐로 불평등의 시대다. 불평등이 심각해서만은 아니다. 불평등이라는 키워드로 사회경제적 현실을 진단하고 해법을 구하고자 하는 움직임이 세계적으로 활발해지고 있어서다. 이는 2007~2008년의 글로벌 금융공황을 계기로 10년 넘게 이어지고 있는 분위기지만, 아직도 좀체 가라앉을 기미가 보이지 않는다. 그 결과 불평등은 이제 우리 시대의 중심 화두로 자리 잡았다. 대중적인 담론계는 물론이고 학계에서도, 이젠 불평등을 말하는 것만으로는 그 화자가 '진보 인사'인지 아닌지 알 수 없는 지경에까지 이르렀다. 그만큼 불평등에 대한 인식이 일반화되었다는 뜻이겠다. 불과 몇 년 전과 비교해도 이것은 상전벽해 같은 변화다. 경제의 성장과 개인의 발전을 위해 불평등은 필요불가결하다는 주장이 횡행하기도 했었으니 말이다.

불평등이라는 표제 아래 가장 주요하게 다뤄지는 게 소득 불평등이다. 그와 더불어 자산(부동산) 불평등도 크게 주목받고 있다. 하지만 이런 전통적인 영역을 훌쩍 넘어 불평등은 기존에 우리가 알고 있던 거의 모든 사회경제적 문제들을 삼켜버리면서 가히 '천하통일'을 이루고 있다. 성별 간에, 그리고 세대, 출신지역, 학력수준, 고용형태 간에 존재하는 모든 차이와 갈등이 불평등이라는 키워드로 다뤄지고 있다. 이제 불평등은 '전가의 보도'가 되었다.

여기서 명확한 구분이 필요하다. 하나의 사회문제로서

불평등에 대한 대중의 관심이 높아졌다는 것과 여러 사회문제들이 불평등의 문제로 환원된다는 것을 혼동해서는 안 된다. 전자는 그 자체로 바람직한 일이지만 후자는 아니다. 하나의 사회문제가 불평등 문제로 나타난다는 것은, 거기 내포된 질적 차원들이 제거되고 문제들이 일정한 양적인 지표로 환원된다는 뜻이다. 예를 들어보자. 전통사회에서 자산은 사람의 지위와 위신을 상징했고, 지역사회나 가문에서 특수한 의미와 가치를 부여받기도 했다(5장 참조). 그러니 만약 자산(소유)의 문제가 하나의 사회문제로 제기된다면, 이는 무엇보다 역사적·사회적으로 고찰되어야 할 질적 사안이라고 해야 할 것이다. 하지만 오늘날 자산의 문제는 자산 '불평등'으로 나타나는데, 바로 이 불평등이라는 용어는 (갈등이나 모순 같은 용어와 견줘보면 더더욱) 양적인 의미를 강하게 내포한다.

질적인 성격이 다분한 자산의 문제가 어떻게 양적으로 환원되는가? 이 과정은 두 개의 단계로 나눠서 살펴볼 수 있다. 어떤 사회문제가 양적 불평등으로 변환될 때, 그것은 특정한 단위를 갖게 될 것이다. 이를테면 자산 불평등은 사람들이 소유한 땅의 면적을 단위로 할 수도 있고, 보유한 주택 수를 단위로 할 수도 있다. 이것이 1차 환원(정량화)인데, 여기서는 해당 사안에 고유한 다양한 척도들이 불평등의 단위로 채용될 수 있다. 그러나 사람들의 관심은 누가 얼마나 넓은 땅을 소유하느냐에 있지 않다. 자산 불평등은 사람들이 소유한 땅의 면적 등이 아니라 그 화폐가액, 즉 소득 창출력을 중심으로 이해된다. 소득을 발생시키지 않는 시골의 1만 평짜리 땅보다 서울 강남의 1평이 더 좋은 대접을 받는 게 현실 아닌가. 다른 불평등도 마찬가지다. 아주 최근까지도 성차별은 '왜 여성에게만 커피를 타게 하는가?' 따위의 문제를 중심으로 이해되었고, 이를 둘러싼 논쟁에서는 으레 우리 사회의 고질적인 유교주의나 성을 상품화하는 자본주의 체제의 속성 등이 문제의 원인으로 도마 위에 올랐다. 남녀 문제는 구조와 관습 등이 얽힌 복잡한 것으로 취급됐던 것이다. 지금은 어떤가? 차별이니 갈등이니 하는 질적 차원을 내포하는 용어 대신 불평등이 자주 쓰이고, 그 불평등은 거의 언제나 소득의 불평등을 의미한다. '젠더 불평등=성별 임금격차'라는 등식이 당연시된 지 오래다. 똑같은 이야기를 비정규직 차별 문제에도 적용할 수 있다. 이렇게 각 부문의 불평등들은 저마다의 방식으로 정량화될 수도 있지만, 이 모두는 끝내 소득의 문제로, 그러니까 화폐 단위로 변환되는 것인데, 이것이 2차 환원이다. 이상의 두 단계의 환원 과정은 〈그림 7-1〉에 간략히 도식화되어 있다.

'불평등' 문제의식: 의의와 한계

이것은 매우 흥미로운 현상이다. 무엇보다 다양한 사회경제적 이슈들이 소득격차의 문제로 환원되는 것, 자본주의 사회에서는 지극히 자연스러운 일이고, 뭐든 돈의 문제로 변

<그림 7-1> 다양한 사회 모순의 소득 불평등으로의 환원

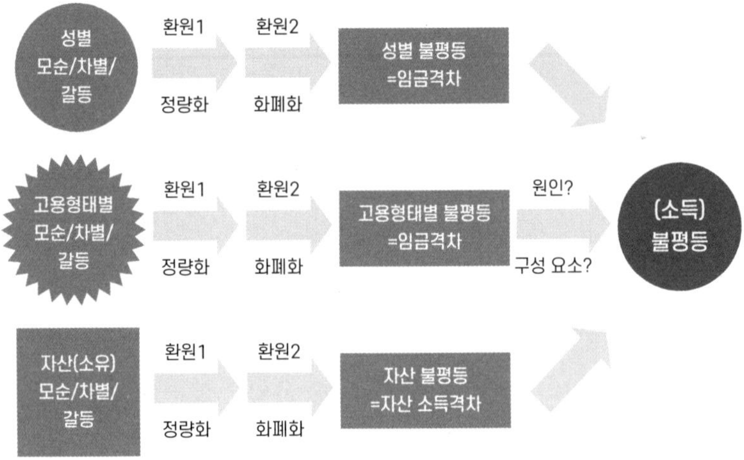

환해 생각하는 것도 현대인에겐 자연스럽다. 여기서 돈보다 중요한 가치는 없으니 말이다. 노골적으로 말하면, 소득격차를 낳지 않는다면 차별이나 사회 모순은 문제가 안 될 수도 있겠다.

소득으로의 환원에는 장점도 있고 단점도 있다. 사회경제적 문제들이 (소득) 불평등이라는 언어로 번역될 때 얻을 수 있는 가장 큰 장점은 그것이 이해하기 쉬워진다는 것이다. 뭐든 어렵고 복잡하게 설명하려 드는 것은 '진보'의 오래된 병폐(!)다. 그들은 구조를 좋아하는데, 보통은 그 구조를 이루는 요소들이 서로 잘 맞물려 순조롭게 작동하는 '아름다운' 측면보다는 서로 어긋나고 끝내는 저 구조를 내적으로 붕괴시킬 수도 있는 '어두운' 측면에 주로 관심을 둔다. 그래서 그들의 설명은 어렵기도 하고, 그걸 듣고 있노라면 피곤하고 불편해진다. 물론 이런 난관을 뚫고 그들의 설명을 이해하게 되었을 때의 결실은 값어치가 큰 것이지만, 거기까지 나아가기가 쉽지 않다. 이에 비해, 그들이 '구조적으로' 설명하고자 하는 문제들은 불평등이라는 프리즘을 통과하기만 하면 모두 소득격차의 문제로 환원된다. 여자라서 소득이 낮고, 비정규직이라서 소득이 낮다. 이보다 설명이 더 쉽고 깔끔할 수가 없다. 이리하여 언제부턴가 우리가 이야기하는 불평등은 언제나 '소득 불평등'이고, 〈그림 7-1〉에서 시사되듯이 성, 인종, 고용형태, 출신지역, 학력수준 등은 모두 소득 불평등을 낳는 다양한 원인으로 고려된다.

다른 한편, 이렇게 모든 문제가 소득 불평등으로 환원되면, 그 해결책도 쉽게 구해질 수 있다. 모든 사회문제엔 원인이 있을 것이며, 바로 그 원인을 바로잡는 것이야말로 해당 문제를 해결하는 가장 표준적인 방법일 것이다. 그러나 소득격차를 모든 사회문제의 궁극적 결과로 인식하게 되면, 그런 복잡한 방법으로 문제를 해결하려고 애쓸 필요가 없다. 원인제거보다는 결과 시정을 통해서도 '목적'(소득 불평등 완화)을 달성할 수 있기 때문이다.[1] 비정규직 차별? 그들에게 소득을 더 주면 된다. 어떻게? 그런데 여기에 충실하게 답하려다 보면 다시금 저 비정규직 차별의 원인들을 파고들 수밖에 없을 것이다. 그러나 꼭 그러지 않아도 된다. 그 원인들은 그대로 둔 채, 국가가 공적 방식으로 소득을 보전해줄 수도 있으니 말이다. 기본소득과 같은 '화끈한' 재분배 정책은 그 정점에 있는 것으로서, 그것의 높은 인기는 이상과 같은 사정과도 무관치 않을 것이다.

하지만 이것이 문제에 접근하는 바람직한 방식일까? 여러 사회경제적 문제들이 소득 불평등으로 환원될 수 있다고 해서 소득격차에 모든 사회문제가 집약될 수는 없는 노릇이다. 나아가 소득격차가 해소된다고 모든 문제가 사라지는 것은 더더욱 아니다. 여성이나 비정규직에 대한 온갖 억압들이 어찌 정부에 의한 사후적인 소득재분배로 '퉁'쳐지겠는가. 이런 경우 오히려 정부의 재분배 정책은 사회 모순의 온존을 방조하는 역할을 한다고 비판받을 수도 있다.

이쯤 되면 '불평등' 문제의식의 한계가 어느 정도 드러난다. 온갖 사회구조들을 특수한 유형의 불평등, 곧 소득 불평등으로 환원한 것에서 잘못은 비롯된다. 이 환원을 통해 복잡한 사회경제적 문제들이 누구나 쉽게 이해할 수 있게 된 건 사실이다. 덕분에 많은 사람들이 소득 불평등을 낳는 사회구조에 소박하게나마 관심을 갖게 되었다. 그러나 이런 환원주의의 미덕은 여기까지다. 그런 식으로 사태를 온전히 이해했다고 생각하거나, 문제의 해법을 구하려 해선 곤란하다. 불평등으로의 환원을 통해 우리 사회가 직면한 문제들의 존재와 각각의 중요성이 충분히 환기되었다면, 이제 그것들을 각각 고유한 것으로 다루는 게 바람직하다. 이 과정에서 우리는 다채로운 사회적 담론과 의제를 생산하고 사회적 의식들을 배양할 수 있을 것이며, 그러한 의제와 의식에 입각해 우리 사회의 미래를 만들어나갈 수 있을 것이다. 이 과정에 빛을 비추는 것이야말로 사회과학의 역할일 것이다.

자본주의 경제의 얼개:
'재생산'이라는 문제를 중심으로

조금 더 차분하게 사태를 살펴보자. 우리가 다루는 질문은 자본주의 경제에서 불가피하게 발생하는 삶의 안정성 교란에 어떻게 대응할 것인가 하는 거였다. 올바른 해법을 강구하기 위해서는 먼저 문제를 올바르게 이해해야 한다. 이를 위해, 자본주의 경제의 특수성에서 출발해보자.

경제 문제란 경제활동의 과정에서 인간이 겪는 문제다. 왜 인간은 경제활동을 하는가? 가장 근본적으로는, 살기 위해서다. 생명을 근근이 유지하기 위해서라도 인간은 의식주와 관련된 일정한 소비를 해야 하고, 그러려면 먼저 그 대상이 생산되어야 한다. 이렇게 생산과 소비는 경제활동의 양축이고, 둘은 '생산-소비-생산-소비-생산……' 식으로 서로 맞물려 진행하면서 개인은 물론 사회 전체를 끊임없이 재생산한다. 그러므로 개인에게 경제 문제란 언제나 궁극적으로 이 사이클의 교란을 의미한다.

한편 경제활동과 경제 문제의 양상은 시대마다 다르다. 첫째, 자본주의 이전에는 가계 또는 공동체 차원에서 대체로 일치했던 생산과 소비가 자본주의에 와서 서로 분리된다. 생산과 소비가 일치한다는 말은 가족이나 마을 정도 단위의 아는 사람들 사이에서 생산과 소비가 모두 이루어진다는 뜻이다. 여기엔 소박한 형태의 사회적 분업이 개입되기도 한다. 자본주의에서는 그렇지 않다. 생산은 익명성이 지배하는 시장을 위해 이루어지고, 필요한 물품 또한 시장에서 구매하는 게 일반적이다. 다시 말해, 생산은 시장에서의 판매로 종결되고, 소비는 (생산이 아니라) 시장에서의 구매로 가능해진다. 둘째, 이와 같은 생산-소비의 분리는 양자 사이에 '분배'라는 과정의 개입을 불가피하게 만든다(1장 〈그림 1-2〉 참조). 무엇이 분배되는가? 소득이다. 소비를 점차 시장에 의존함에 따라 그 수단이 되는 화폐소득의 중요성이 커지고, 개인이 생산에 참여하는 목적도 점차 생산물의 자가 소비에서 화폐소득 획득으로 변화해간다. 이리하여 자본주의 경제에서 개인의 재생산은 '생산-소비'가 아니라 점차 '생산-분배-소비'라는 형태를 취하게 된다.

고전적으로 경제가 생산·분배·소비 등 세 측면을 갖는 것으로 이해되는 것은 그래서다. 19세기의 고전파 정치경제학political economy[2] 저작들을 들춰보라. 그러면 이들이 (오늘날의 '미시경제학-거시경제학' 구분과 비슷하게) '생산-분배-소비'의 체계로 구성된 것을 종종 볼 수 있다. 데이비드 리카도David Ricardo, 1772~1823와 앨프리드 마셜Alfred Marshall, 1842~1924 사이에 가장 권위 있는 정치경제학자였던 존 스튜어트 밀John Stuart Mill, 1806~1873의

《정치경제학 원리》도 그런 체계를 취하고 있다. 경제는 생산과 분배, 그리고 소비의 영역을 거치며 끊임없이 순환한다. 이 세 측면 어디에서 파악하더라도 국민소득이 같은 것도 그래서다. 이를 하나씩 살펴보자.

먼저 자본주의 경제에서 개인은 화폐소득을 얻기 위해 생산에 참여하는데, 여기엔 크게 세 가지 방식이 있다. 생산에 필요한 원료나 도구를 동원해 직접 생산을 조직할 수도 있지만(자본가), 그러한 조직자에게 고용되어 노동력만 제공할수도 있다(노동자). 토지와 같은 자원이나 잉여 화폐를 소유한 사람은 생산에 직접 참여하는 대신 자신의 토지나 화폐를 생산을 위해 내줄 수도 있다(자산소유자). 이 세 집단—자본가, 노동자, 자산소유자(지주)—은 자본주의 경제를 구성하는 3대 계급으로서, 기능적으로만 보면 생산 영역에서 서로 의존하고 보완적인 관계를 맺는다.

이들은 생산에 관여하는 방식에서만 구별되는 게 아니다. 이들이 생산에 참여한 대가로 받는 소득의 형태도 상이하다. 생산을 조직한 자본가는 자신이 생산한 상품을 시장에 팔아 판매대금과 생산비의 차액만큼을 소득(이윤)으로 취한다. 노동자와 자산소유자는 자본가로부터 그들이 생산에 기여한 대가로 각각 임금과 지대(임대료)라는 형태의 소득을 분배받는데, 이 임금과 지대는 자본가에게는 생산비의 요소들로 여겨진다. 이러한 사정은 〈그림 7-2〉에 정리되어 있다. 여기 나타난 대로, 세 계급은 생산에 참여하는 방식과 그에 대응한

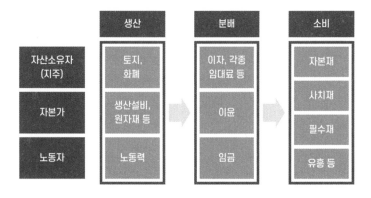

〈그림 7-2〉 자본주의 3대 경제적 계급의 재생산

분배 방식에서도 꽤 명확하게 구별되는데, 이러한 구별은 소비 영역에서도 어느 정도 이어진다. 자본가는 소득의 대부분을 생산을 위한 자본재 구매에, 노동자는 필수재 구매에 쓸 것이다. 이러한 소비는 다음 기期의 생산을 준비한다는 의미도 있다. 반면 자산가는 그런 준비를 할 필요가 없다. 이들이 기본적인 삶의 유지 외에 대부분의 소득을 사치재나 유흥 등에 소비할 수 있는 것은 그래서다. 이러한 계급 간의 소비 패턴 차이는 토머스 맬서스Thomas Robert Malthus, 1766~1834가 상세히 논한 바 있다. 물론 경제가 발전하면서 계급 간 경계가 흐릿해지기도 하고, 소득수준이 높아지면서 노동자가 사치재 등을 구매하는 일이 다반사가 되기도 한다. 하지만 큰 틀에서 보면 생산·분배·소비의 각 영역에서 계급적 구별은 상당히 명확하게 유지되며, 각 계급은 독특한 형태의 재생산 순환을 만들어낸다.

한편, 경제의 영역들에서 자본가·노동자·자산소유자는 조화롭기보다는 갈등적인 관계에 있다. 자본가와 노동자는 생산 영역에서는 생산과정의 통제권을 놓고, 분배 영역에서는 생산된 잉여의 분할을 놓고 대립한다. 자본가와 자산소유자는 생산 영역에선 직접 부딪치지 않더라도 분배 영역에서는 잉여 분할을 놓고 갈등한다.[3] 이렇게 각 계급은 서로 갈등하면서 저마다의 방식으로 생산에 참여·기여하고 저마다 독특한 형태의 소득을 분배받아 각각 특징적인 방식으로 소비함으로써 자기 자신은 물론 경제 전체를 재생산한다. 이것이 자본주의 경제의 주된 과정이고, 이 안에서 다양한 경제 문제가 발생한다.

불안정성: 자본주의 특유의 경제 문제

위 과정은 결코 순조롭지 않다. 계급 간의 갈등 때문만은 아니다. 생산과 소비가 분리되고 둘 사이에 시장이 끼어들 때, 이미 문제의 씨앗은 뿌려졌다.

이러한 변화 덕분에 좋아진 점도 있다. 무엇보다 경제가 높은 생산력을 달성하게 되었으니 말이다. 생산의 목적이 소비일 때는 직접적 수요량을 크게 넘겨서 생산할 필요가 없었고, 매 기간 얼마를 생산할지 사람들은 꽤 명확히 알고 생산에 임했다. 덜 생산하면 생계가 곤란해지겠지만, 그렇다고 굳이 더 생산할 필요는 없었다. 하지만 시장의 불특정 다수인 소비자를 상대로 생산할 땐 다르다. 먼저, 생산량에 제한이 없다. 많이 생산해도 그만큼 많은 소비자의 선택을 받으면 괜찮다. 둘째, 이제 욕구 충족이 아니라 돈벌이가 생산의 목적이 된다. 돈벌이에는 제한이 없으며, 많이 팔수록 더 많은 돈을 벌 수 있다. 이리하여 생산자는 종전과 달리 생산성을 높이고자 안간힘을 쓰게 된다. 남들보다 더 좋은 제품을 더 싸게 생산하기 위해 모든 생산자가 경쟁한다. 이제 생산자는 새로운 생산기술이나 노동조직 방식을 개발하고 '규모의 경제'를 달성해 이윤을 극대화하고자 한다.

하지만 모든 생산자가 그런 생각과 나름의 예측을 가지고 생산에 임할 것이므로, 경제의 전체 생산량은 실제 총수요량을 훌쩍 넘기기 쉽다. 만성적인 과잉생산 현상이 발생하는 것이다. 여기서 운이 좋거나 높은 기술력을 갖춘 생산자는 큰돈을 벌 수도 있지만, 적절한 판매처를 구하지 못해 손해를 보고 결국 도산에 이르는 생산자도 적지 않다. 보통 하나의 생산자가 도산하면 거기 얽힌 여러 주체들도 함께 어려워진다. 그러한 연쇄가 금융적 연결망을 타게 되면, 경제 전체가 위태로워질 수도 있다. 마르크스가 생산과 소비의 분리, 생산과 시장의 무정부성에 따른 과잉생산을 자본주의 특유의 경제공황의 근본 원인이라고 한 것은 이 점을 가리킨다.

생산-소비의 분리, 그리고 생산의 무정부성은 개인에게도 색다른 위협, 곧 불안정성insecurity이라는 위협을 가한다. 이 불안정성은 개인의 '생산-분배-소비' 사이클을 위태롭게 해

그의 재생산을 교란한다. 생산과 소비가 일치했던 과거엔, 생산에 열심히 임했다면 삶에 필요한 양식 등을 확보하고 소비하는 데 거의 문제가 없었다. 그러나 이제는 생산에 성실하게 참여했어도 그에 상응하는 소득을 얻지 못할 수 있다. 기업이 열심히 생산한 상품을 제대로 판매하지 못했을 때가 그렇다. 이 경우 생산을 조직한 자본가는 물론 그에게 고용된 노동자도 노력에 상응하는 소득을 얻지 못하게 되는데, 그 결과 이들은 필수적인 소비에서조차 배제될 수 있다. 나아가 노동자의 경우엔 아예 생산에 참여하지 못할 위험에도 추가적으로 노출된다. 즉 여러 이유로 자신을 고용한 기업에서 해고될 수도 있고, 일할 의지가 있는데도 일자리를 구하지 못해 실업자로 전락할 수도 있으며, 실업을 면하기 위해 울며 겨자 먹기로 비정규직이나 단시간 일자리를 선택해야 할 수도 있다.

이렇게 생산 영역에서 적절한 자리를 차지하는 데 성공하지 못하면 적정한 소득을 분배받을 수 없다. 여기서 적정한 소득이란 인간의 생명활동에 필요한 생물학적 최소치, 그리고 다른 동물과 달리 인간에게만 있는 '사회적 최소치' 이상의 소비를 가능케 하는 소득이라고 정의할 수 있을 것이다. 그러한 소득을 얻지 못하면 인간다운 삶에 필요한 소비를 제대로 할 수 없고, 소비를 적절히 하지 못하면 다음 기의 생산에서 제 역할을 수행할 수 없다. 요컨대 재생산의 사이클이 교란되는 것이다. 그런데 상당액의 소득을 획득해도 재생산 사이클은 교란될 수 있다. 도박 등으로 소득을 탕진할 수도 있으니 말이다. 하지만 꼭 그런 극단적인 경우가 아니더라도 자본주의에는 허위·과장광고와 같이 사람의 욕구를 자극하는 요소들이 사방에 널려 있어서, 소득이 높다고 해서 소비가 안정적일 것이라는 보장은 애초부터 없다고 해야 할 것이다. 요컨대 자본주의 경제에서 개인의 삶을 교란하는 요인은 생산·분배·소비 등 경제의 전 영역에 도사리고 있는 것이다.

대응책: 경제적 안전의 추구

이상과 같은 경제적 위험에 대응하여 개인은 경제적 안전economic security을 추구한다. 전통사회에서는 인간의 삶이 자신이 태어난 곳을 크게 벗어나지 않는 범위에서 이루어졌고, 그에게 닥칠 수 있는 경제적 위험도 극히 제한적이었다. 그리하여 병에 걸리거나 사고를 당해 생산활동에 나서지 못하는 사람들은 태어나면서부터 혈연과 정서로 얽힌 가족이나 공동체로부터 기본적인 의식주를 제공받을 수 있었다. 효녀 심청과 그의 아버지 심학규가 살아남을 수 있었던 것도 그런 도움 덕택이었다. 자본주의에선 어떨까? 전통사회와 비슷한 점도 있지만 차이가 두드러진다.

자본주의에서도 가족이나 공동체는 개인에게 여전히 중요한 안전 제공자로 남아 있지만, 경제활동의 양상 변화로 인해 경제적 위험의 발생 양상도, 그리하여 안전의 제공 방식도 종전에 비해 훨씬 복잡해진다. 무엇보다 새로운 안전 제공자가 부상한다. 첫째로, 자기 자신이다. 자본주의에서는 미래에 닥칠 수 있는 질병이나 사고, 사망, 실업, 고령에 따른 경제활동 중단 등의 위험에 대비해 스스로 경제적 자원을 비축해두는 게 일반적이다. 금융회사나 보험회사가 그러한 위험을 적절히 고려해 다양한 상품을 내놓고 있으므로, 개인은 각자 사정에 맞는 상품을 구매하기만 하면 된다. 이는 자본주의에 와서 경제활동의 일차적 결과가 화폐로 주어지기 때문에 가능해진 변화다. 생산의 목적이 직접적 소비이고 생산활동 참여의 대가가 생산물의 형태로 주어졌던 과거엔, 장차 닥칠 경제적 위험에 스스로 대비하는 데는 제약이 컸다.

자본주의에서 새롭게 부상하는 또 다른 안전 제공자로 기업과 국가가 있다. 기업은 생산의 주요 단위로서, 자본주의가 발달함에 따라 대규모화하면서 하나의 기업이 고용하는 노동자의 수도 점차 커진다. 이 과정에서 기업은 자사가 고용한 노동자들에게 주요한 안전 제공자로 부상한다. 자사 노동자들만을 위한 주거나 의료, 각종 재교육 서비스를 제공하기도 하고, 생산활동 중에 병에 걸리거나 사고를 입으면 상당액의 보상금을 지급하기도 한다. 기업이 왜 이런 역할을 행하는가? 기본적으로 그것은 노동자들이 단결하여 기업에 요구해 얻어낸 '전리품'이기도 하지만, 그렇게 하는 게 기업의 이해관계에 부합하기도 해서다. 기업에서 일하면서 상당한 숙련을 쌓은 노동자가 다쳤다고 해보자. 부상이 너무 크지만 않다면, 그를 당장 내보내고 새로운 사람을 들이는 것보다 그에게 적절한 의료서비스를 제공함으로써 그가 하루빨리 생산 현장에 복귀할 수 있게 하는 게 기업으로선 나은 선택일 수 있다.

다른 한편, 국가도 자본주의 시대에 부상한 주요한 안전 제공자다. 오늘날 국가는 일자리가 없는 이들에겐 일자리를, 필수적 소비에 필요한 소득이 없는 이들에겐 소득을 제공하고, 몇몇 필수적 소비품목은 직접 공급하기도 한다. 경제적 안전 제공자로서 국가의 역할은 이미 2장과 3장에서 부분적으로 다루었는데, 거기에서 복지국가라고 부른 것은 개인을 위한 안전 제공의 기능을 적극적으로 수행하는 국가를 가리키기도 한다. 이 역할에 대해서는 다음 장에서 더 상세히 논하기로 하자.

맺음말: 무엇을, 어떻게 보장할 것인가

이상의 논의로부터 우리는 자본주의 체제에서 보장되어야 할 것은 경제적 안전이지 소득이 아니라고 결론지을 수 있다. 자본주의에서 개인에게 가해지는 불안정성은 복합적인 성격을 지니며, 적절한 소득의 보장은 경제적 안전의 일부만을 구성한다.

이것은 대단한 수수께끼나 비밀 같은 게 아니다. 그런데도 최근 경제 문제가 대체로 분배의 측면에서만 제기되는 까닭이 뭘까? 소득격차가 심각해서? 그런 이유도 있을 것이다.

선진 경제권에서는 1980년대 이후 이른바 신자유주의 기간 내내, 그리고 우리나라에서는 대체로 1997년 경제공황 이후 소득격차가 무섭게 벌어진 건 사실이니 말이다. 하지만 사회경제적 이슈들이 불평등 문제의식으로 집약된 데는 다른 이유도 있다. 특히 그것은 다양한 사회경제적 문제들을 그 자체로서 제기할 수 있는 대중과 시민사회의 역량 부족의 결과, 그리고 경제 전체를 조망하면서 우리의 문제를 식별할 이론적 시야를 확보하는 데 실패한 결과이기도 할 것이다. 그러한 비판적 역량을 고갈시킨 것은 신자유주의의 특출난 '성과'라고 해야 할 것이다.

역량의 부족 때문이든 다른 어떤 이유 때문이든, 언제부턴가 우리는 경제와 사회의 온갖 문제들을 일차원적으로, 곧 소득 불평등의 다양한 원인들로 인식하게 되었다. 이것은 분명 사회문제의 왜곡된 인식 방식이지만, 덕분에 우리는 경제와 사회에 대한 모든 비판적 역량을 소득 불평등을 고발하는 데 집중시킴으로써 지난 2017년 마침내 상대적으로 진보적인 성격의 정권을 탄생시킬 수 있었던 것이 아닌가 한다. 직전에 있었던 2012년 대선에서는 경제민주화(또는 경제민주주의)라는 화두 아래 비정규직, 실업, 청년, 젠더, 지역, 노인, 복지 체계, 일자리, 재벌 등의 이슈들이 각각의 질적 차원들을 적절히 살리면서 다뤄졌음을 떠올리면, 2017년에는 의제들이 한층 더 단조로워진 면이 있었다. 이는 2012년 이후 5년 동안 사회경제적 모순은 누적되었으나 우리 사회가 그에 대해 문제제기할 역량은 외려 줄어들었음을 시사하는 게 아닌 가 한다.

그러므로 경제와 사회의 문제를 입체적으로 조망하고 그 해결을 모색하는 능력을 배가하는 것은, 2017년 진보 성향 정권이 출범했을 때 우리 사회가 짊어진 과제 가운데 하나였다. 그로부터 다시 5년이 흐른 지금은 어떤가? 위 과제는 달성되기는커녕 제대로 인식되지도 못했던 것은 아닌가? 2022년 대선에서 별다른 의제가 부각되지도 않은 채 기본소득론 계열의 정책이 여전히 범진보 진영의 대표 정책으로 제시된 것이 이를 방증하며, 그 결과 마침내 정권은 이 책에서 다루는 사회경제적 문제들에 상대적으로 둔감한 세력에게로 다시금 넘어갔다.

한편, 다양한 사회경제적 문제들이 소득 불평등으로 환원된 결과 소득 불평등의 중요성이 실제 이상으로 과장되게 되었고, 나라 안팎에서 문제의 해결책으로 정부의 재분배 정책에 지나치게 의의가 부여되었던 것 같다. 불평등 교정을 위해 현재 40% 언저리에서 형성되어 있는 최고 소득세율을 80% 중반대까지 높이자거나(피케티), 지대 곧 '부동산 불로소득'을 모조리 거둬들여 모든 사람에게 똑같이 나눠주자는(기본소득) 등의 극단적인 정책들이 공공연히 제안되는 것은 그 결과로 볼 수 있다. 하지만 비정규직 확산 등 일자리 불안의 문제를 기본소득으로 해결하는 게 정말로 가능하고 또 바람직할까? 일자리 문제는 기본적으로 일자리 문제로서—즉 생산 영역에서—다루는 게 순리 아닌가? 이를 통해 해소되지 않고 남는 문제들은 당연히 분배 영역에서 해결을 구해야 할 것이다. 같은 논리로, 교육이나 보건과 같이 어떤 문제들은 소비 영역에서 해결책을 구하는 것이 바람직할 수도 있다.

결론짓자면, 개인의 경제적 삶이 생산-분배-소비라는 경제적 재생산 사이클의 반복을 통해 이루어지는 한, 이 사이클은 생산·분배·소비 등 어느 영역에서든 교란될 수 있고, 따라서 경제적 안전도 세 영역에서 골고루 보장되는 게 적절할 것이다. 그렇다면 누가 그러한 안전을 제공해줄 것인가? 앞의 절에서 자본주의에 와서 부상한 다양한 안전 제공 주체들을 언급했지만, 최근 추세는 국가의 역할이 강조되는 것이다. 다음 장에서는 이 문제를 본격적으로 다루어보자.

8장

현대 복지국가:
경제적 안전 보장의 사회화

자본주의 경제에서 개인은 다양한 방식으로 경제적 안전을 보장받고자 하며, 최근 들어 세계적으로 경제적 안전의 제공자로서 국가의 역할이 강조되는 추세다. 이는 1980년대 마거릿 대처 영국 총리가 국가보다는 지역 공동체나 가족의 역할을 앞세운 것과 극명한 대조를 이룬다. 신자유주의로 사회는 피폐해질 대로 피폐해졌고, 거듭된 경제위기와 2020년 이후 세계를 집어삼키고 있는 코로나19 위기 속에서 결국 국가만이 우리를 구원할 수 있다는 데로 많은 이들의 의견이 모이고 있는 것 같다.

이런 분위기에서 한국도 예외가 아니다. 오늘 한국에서 국가의 사회보장 기능 강화의 필요성을 부정할 사람은 거의 없을 것이다. 하지만 강화의 내용과 방향, 방법에 대해서는 의견이 분분하다. 이 책에서 검토하고 있는 기본소득과 기본자산, 그리고 이에 더해 전국민고용보험제, 일자리보장job guarantee제 등은 국가가 안전을 제공하는 대표적인 방법들로 최근 주목받고 있다. 이들은 저마다 강조점이 다른데, 그러니 적절하게 섞어서 쓸 수 있다면 가장 좋을 것이다. 하지만 그게 쉽지 않다. 이들 각각은 그 취지를 제대로 살리려면 해마다 수십조 원에서 수백조 원은 족히 드는, 그러니까 이 중 어느 하나만 채택되어도 정부의 사회 정책 전반의 '패러다임'을 바꾸고도 남을 만한 매머드급 정책이기 때문이다. 입장 간의 대립이 첨예한 것도 어쩌면 그래서다. 이들 각각은 철학적으로나 기능적으로 서로 대립되는 측면도 있거니와, 정부 재정의 제한성 때문에 이들 간의 상호 배제성은 더 부각된다.

　이러한 배경에서 이번 장에서는 현대 자본주의 경제에서 발생하는 여러 위험에 대응해 재생산의 안정성을 보장하는 데 있어 국가의 의의를 살펴보고자 한다. 먼저 이어지는 절에서는 최근 세계적 차원에서 국가의 사회보장 기능 강화 요구가 분출되고 있는 배경과 그러한 기능이 갖는 경제적 의의가 무엇인지를 살펴보고, 이후의 절들에서는 초점을 한국에 맞추고자 한다. 한편 결말 부에서는 앞의 논의에 입각해 이 책에서 주로 다뤘던 기본소득론의 의의를 평가해보고자 한다.

세계적으로 확산 중인 사회보장 확대론

　사회보장social security과 사회복지social welfare는 서로 번갈아가며 사용되기도 하지만, 강조점에서 미묘한 차이가 있다. 먼저 사회복지에선 소비의 측면이 강조된다. 개인에게 경제활동의 목적은 욕구의 충족이고, 이는 궁극적으로 소비를 통해 달성된다. 그렇게 욕구가 충족되어 얻어지는 것을 '복지'라고 한다면, 사회복지란 공동체(국가)를 매개로 한 사회적 차원의 욕구 충족을 의미한다고 할 수 있다. 다른 한편, 사회보장이라는 용어에서는 경제의 구조적 측면이 조금 더 부각된다. 근대사회에서 경제란 하나의 커다란 유기체와도 같고, 그 안에서 개인은 일정한 자율성을 갖는 기본 구성 단위다. 개인은 자신의 삶을 끊임없이 재생산함으로써 경제 전체의 작동과 재생산에 기여하는데, 그 과정에서 실업, 질병 및 각종 사고와 같은 다양한 위험risk에 노출된다. 따라서 앞 장에서 설명했듯이 이 위험으로부터 일정한 안전을 보장받는 것은 각 개인의 관심사일 뿐만 아니라 사회 전체에도 중요한 문제라 하지 않을 수 없다. 일반적으로 그러한 역할은 개인이 (저축이나 사적 보험을 이용해) 스스로 행할 수도 있지만 가족, 기업, 비영리기구NPO, 국가, 커뮤니티 등에 의해 수행되기도 한다. 이렇게 보면, 사회보장이란 그러한 안전의 제공자로 공동체(국가)가 부각될 때를 일컫는 용어라고 해도 좋을 것이다.

복지와 안전의 제공에서 국가의 역할이 커지는 것은 자본주의 발달의 일반적인 경향이다. 서구에서 그러한 움직임은 17세기 구빈법에서 시작되어 자본주의 발달의 본격화와 발맞춰 현대적인 복지국가 성립으로 이어졌고(2장 참조), 1970년대 이후 복지국가는 위기와 재편을 거쳐 오늘에 이르고 있다. 후발국들의 경우에도 시기와 양상의 차이가 있지만 대체로 국가의 영역은 커지고 있다. 이러한 과정에서 사회보장은 첫째, 빈곤 해소와 인간다운 삶의 유지, 둘째, 개인을 사회적 위험으로부터 보호함으로써 그에게 일정한 삶의 질 보장, 셋째, 소득재분배를 통한 사회적 평등 달성, 넷째, 사회적 연대감의 조성 등의 의의를 갖는다. 또한 경제적 측면에서 보았을 때 사회보장은 기본생활의 보장, 소득재분배 달성, 저축효과와 자본축적, 노동력의 양질화와 재생산, 경제순환의 자동안

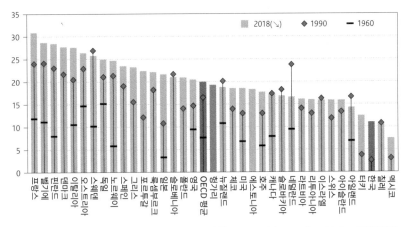

〈그림 8-1〉 국내총생산(GDP) 대비 사회지출 규모: 1960, 1990, 2018년

출처: OECD, *Social Expenditure Update 2019*, 2019.

정조절 등의 기능을 수행한다.[1]

흔히 복지와 안전의 제공에서 국가의 역할 정도를 나타내는 척도로 국내총생산(GDP) 대비 정부의 사회지출 규모가 쓰인다. 〈그림 8-1〉은 경제협력개발기구(OECD) 가입국들에서 이 비율이 어떻게 변화했는지를 한눈에 보여주는데, 이로부터 서구에서 이미 복지국가가 성립한 1960년 이후에도 대부분의 선진 자본주의 국가에서 공공 사회지출이 크게 증가했음을 알 수 있다. 한편 전후戰後 세계 자본주의에서 가장 '성공적인' 후발국 가운데 하나인 한국은 서구의 경로를 빠르게 뒤쫓고 있다. 실제로 1990년 이후 사회지출 증가세를 봐도 한국은 위 그림에 나온 나라들 가운데 가장 빠른 편에 속하는데, 그럼에도 2018년 한국의 사회지출은 GDP의 11.1%로 여전히 OECD 평균(20.1%)의 절반 수준에 머물고 있다.

문제는 앞으로다. 우리는 서구의 선례를 따라 정부의 사회지출을 대폭 늘려야 하는가? 인구가 빠르게 노령화하는 가운데 최근 불평등과 양극화가 사회문제로 대두되면서 국가의 사회보장 기능 강화 요구가 커지고 있지만, 동시에 사회지출을 대폭 늘리는 것을 경계하는 목소리도 만만치 않다. 고부담-고복지에서부터 저부담-저복지까지 복지국가에 여러 유형이 있기도 하거니와, 다방면으로 비효율을 낳는다는 이유로 복지국가 자체에 대해 아예 '실패'라는 낙인을 찍는 이들도 적지 않다.

하지만 서구의 복지국가를 실패작이라고 보는 것에 반대하는 의견도 만만치 않은 데다,[2] 최근 세계적 차원의 불평등 심화가 주목받으면서 서구에서 복지국가 강화의 필요성이 다시금 환기되고 있는 것으로 보인다. 특기할 점은 최근의 이런 움직임에 인권이나 다양한 가치에 천착하는 정치학자나 철학자뿐 아니라 다수의 경제학자도 동참하고 있다는 사실이다. 오늘날의 표준적인 경제학에서는 소득 불평등을 경제활동의 부산물로 보거나 아예 소득분배 자체를 문제 삼지 않는 경향이 있음을 고려하면,[3] 최근의 불평등 논의에서 경제학자들의 약진은 흥미로운 변화다. 여기엔 조지프 스티글리츠Joseph E. Stiglitz나 폴 크루그먼같이 노벨경제학상을 받은 '베테랑'에서부터 토마 피케티나 가브리엘 주크먼Gabriel Zucman 같은 '소장파'도 포함된다. 이들에 따르면 1980년대 이래 선진 자본주의 국가에서 불평등 심화는 '세계화'와 이른바 '4차 산업혁명'으로 일자리가 불안해지는 가운데 노동-자본 간의 세력 관계도 인구의 대다수를 차지하는 노동에 불리한 쪽으로 기울어진 결과다. 그리하여 노동자의 임금이 정체할 뿐 아니라 선진국에선 사실상 사라졌다고 여겨지던 빈곤이 다시금 사회문제로 등장하고 있다. 앤 케이스Anne Case와 앵거스 디턴Angus Deaton은 최근작 《절망의 죽음과 자본주의의 미래》에서 금세기 들어 미국의 저소득 노동자층에서 자살자가 늘고 있음을 보고한 바 있는데, 그들이 '절망의 죽음deaths of despair'이라고 명명한 이런 죽음의 증가는 2020년 이후엔 코로나19 위기 속에서 더 심각해지고 있다.[4] 이렇게 소득이 줄고 소득 획득의 기회가 제한되고 있는 상황에선, 경제 주체들이 활기차게 경제활동에 임하기를 기대하기가 어려울 것이다. 불평등이 경제성장에 해롭다는 것은 일차적으로는 그런 의미에서이며, 만약 이런 현실을 불공정한 것으로 보는 인식이 사회에 팽배할 경우 체제 자체의 존립마저도 위협받을 수 있다.

최근 선진 자본주의권에서 국가의 사회보장 기능을 다시금 강화해야 한다는 주장이 공공연히 제기되는 배경에는 바로 이러한 현실 진단이 깔려 있다. 대표적으로 피케티는 전작인 《21세기 자본》에서 자본주의의 존립을 위해서라도 자산의 보유와 상속, 그리고 소득에 대한 세제의 누진성을 과감하게 높이지 않으면 안 된다고 경고한 데 이어, 최근에 펴낸 《자본과 이데올로기》에선 한 걸음 더 나아가 그런 조세개혁을 통해 모인 재원으로 사회 구성원 모두에게 '기본소득'을, 그리고 특히 매년 만 25세가 되는 청년에게는 성인 평균 자산의 60%(약 12만 유로)에 해당하는 '기본자산'을 지급해야 한다고 주장했다(5장 참조). 이와 같은 과감한 제안들 가운데 몇몇은 최근 영국(2019년 총선)과 미국(2020년 대선) 등에서 주요 세력의 공약으로 채택되기도 했다.[5] 이쯤 되면, 오늘 한국에서 국가를 통한 사회복지 내지 사회보장의 강화 여부를 논할 때 특정 시기 서구의 한정된 경험에 입각한 기존의 '복지국가 실패론'을 지나치게 의식할 필요는 없다고 해도 좋을 것이다.

경제적 위험과 그 대응

일반적으로 경제가 발달함에 따라 개인의 경제적 재생산 과정에서 발생하는 위험도 양적으로 증대하고 질적으로도 복잡한 양상을 띠게 된다.[6] 이를테면 소득수준 향상과 함께 욕구가 발달하면 삶의 위험에 대한 (사회와 개인의) 인식 수준도 높아져, 과거엔 위험이라고 여기지 않았던 것을 위험으로 간주하게 된다. 이와 동시에 기술이 발전함에 따라 그러한 위험을 식별하고 평가하며 통제하는 수단도 발달할 것인데, 이 단계까지 이르면 새로운 위험들은 더 이상 가만히 앉아서 당할 수밖에 없는 것이 아니라 선택의 문제, 곧 일정한 비용을 들이면 제거할 수 있는 것이 된다. 사람들은 이 위험에 저마다의 방식으로 대응할 것이며, 그 결과 위험에 대응하는 것이 하나의 거대한 산업—특정한 장비를 제조하는 업종, 금융·보험업, 교육업 등—으로 발달한다.

우리나라는 어떨까? 21세기의 세 번째 10년에 접어드는 지금, 한국은 명실상부한 '선진국'이라고 할 만하다. 경제 규모로 세계 10위권에 드는 것은 물론이고, 대중음악이나 영화, 게임 같은 콘텐츠로도 세계인들에게 큰 감명을 주고 있으니 말이다. 위에 쓴 대로 이러한 객관적 지표들이 한국에서 사회경제적 위험의 발생 양상과 그에 대한 한국인들의 인식 수준을 대체로 반영한다면, 한국인들은 세계 어느 국민보다 양적·질적으로 더 큰 사회경제적 위험에 직면하고 있을 것이고, 또한 이를 적극적으로 인지하면서 그로부터 안전을 보장받고자 할 것이다. 그러나 앞서 보았듯이, 한국에서 개인에게 각종 사회적 위험으로부터 안전을 확보해주고 삶의 재생산을 보장해주는 데 있어 정부의 역할은 다른 선진국들에 비해 작은 편이다. 그렇다면 한국인들은 그러한 위험에 어떻게 대응하고 있을까?

이 질문에 답하기 전에, 조금 원론적인 차원으로 돌아가 보자. 7장에서, 자본주의 경제는 생산·분배·소비 등 세 영역으로 나눌 수 있고, 개인은 노동자나 자본가, 또는 다양한 자산의 소유자로서 생산에 참여해 얻은 소득(임금, 이윤, 이자, 임대료 등)으로 소비활동을 영위함으로써 자신을 재생산한다고 했다. 이를 조금 더 구체화해보자.

개인의 정기적인 소득이 그의 경제적 재생산의 가장 기

본적인 재원을 이루는 건 사실이지만, 개인이 그것만으로 살진 않는다. 인구의 대다수를 차지하는 노동자의 경우엔 자신을 고용한 기업으로부터 임금 이외에도 금전적 및 비금전적 혜택fringe benefits을 받기도 한다(이른바 '기업 복지'). 한편 자본주의 경제에서 기업과 개인은 일정한 납세의 의무를 지는데, 이들이 낸 세금과 사회보험료는 국가가 펼치는 다양한 사회보장 정책의 재원을 이룬다. 국가는 아동, 노인, 장애인과 같이 경제활동을 하기 어렵거나 경제활동의 결과로서의 소득을 (충분히) 얻지 못하는 개인의 재생산을 돕기도 하지만, 건강보험이나 공교육제도같이 모든 국민을 대상으로 하는 정책을 펴기도 한다. 이와 같은 현대 자본주의에서 개인이 경제적으로 재생산되는 일반적인 구조는 〈그림 8-2〉로 도식화할 수 있는데, 이는 7장의 〈그림 7-2〉를 달리 표현한 것이다.

여기서 보듯, 일상적인 경제적 재생산과 안전의 확보·제공은 명확히 구별되지 않는다. 재생산이 교란될 때 안전의 제공이 필요해진다는 점에서 둘의 경계는 꽤 분명하기도 하지만(예: 갑작스런 실업→소득 격감→실업보험금 수령), 시장에서 얻는 소득만으로 자신의 재생산을 온전히 행하는 개인은 많지 않다는 점에서 안전의 제공 자체가 재생산의 일부이기도 하다. 이를테면, 오늘날 한국에서 많은 젊은 부부들이 어린 자녀의 양육을 위해 부모에게 의존하고 있는데, 이는 재생산에 쓸 소득의 만성적 부족을 부모의 무상 노동으로 메우는 것으로 해석할 수 있다.

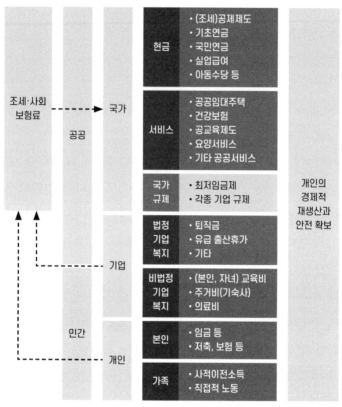

〈그림 8-2〉 현대 자본주의에서 개인의 경제적 재생산 및
안전 확보에 드는 자원과 그 조달 방식

출처: 김연명, 〈이론적 논의〉, 1999 및 오건호, 〈한국의 사회임금은
얼마일까〉, 2009에 나온 그림을 참조하여 저자가 작성.

한국의 사회보장: 해체와 재구성

이제 앞의 절에서 제기한 질문에 답할 수 있다. 세계경
제에서 나름대로 '선진국' 축에 드는 한국에서 국가의 경제적

안전 보장 역할이 작다면, 개인은 다른 방식으로 안전을 확보하고 있다고 보는 게 합리적일 것이다. 비교적 최근까지 한국인들은 사회경제적 위험에 대처하는 데 국가보다는 주로 자기 자신이나 가족, 회사에 의존해왔다. 경제성장과 소득 증가의 속도에 발맞춰 사회경제적 위험과 개인의 안전 확보에 대한 욕구도 빠르게 커졌지만, 이는 공적 제도보다는 사적인 방식에 의해 주로 충족되어왔던 것이다.

개인이 버는 시장소득은 재생산의 가장 기본이 되는 자원일 뿐 아니라 개인은 소득 일부를 저축하거나 다양한 사적 보험에 가입함으로써 노령이나 실업, 질병 등에 따른 재생산 교란에 스스로 대비하고자 한다. 또한 개인은 그를 고용한 기업으로부터 통근, 주거, 급식, 보건의료, 자녀학자금지원 등과 관련된 비현금성 급여를 받기도 한다. 이들 대부분은 노동자들이 어차피 해야 할 일상적 소비를 대체한다는 점에서 그 자체로 통상적인 급여를 구성하는 것이고, 또 그런 의미에서 재생산의 일부라고 해도 좋을 것이다. 그러나 다른 일부는 노동자들이 삶에서 마주하는 특수한 필요의 충족에 봉사한다. 끝으로, 한국인은 가족에 크게 의존하기도 하는데, 용돈 같은 경제적 자원의 사적이전소득, 그리고 위에서 예시한 것과 같은 직접적 노동 제공이 대표적이다.

개인이 경제적 재생산 및 안전 보장을 자기 자신이나 가족, 기업에 주로 의존한다는 것은, 국가에 대한 의존도가 낮음을 시사한다. 실제로 오건호는 보통의 노동자가 고용주로

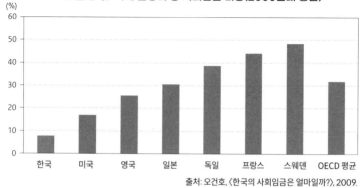

〈그림 8-3〉 가계 운영비 중 사회임금 비중(2000년대 중반)

출처: 오건호, 〈한국의 사회임금은 얼마일까?〉, 2009.

부터 얻는 임금을 '시장임금market wage', 국가로부터 얻는 현금성 및 비현금성 혜택을 '사회임금social wage'이라고 부르면서, 전체 가계 운영비 중에서 사회임금 비중이 2000년대 중반을 기준으로 OECD 평균치가 31.9%인 데 반해 한국은 7.9%에 불과하다고 지적한 바 있다(〈그림 8-3〉).[7] 2014년에는 국회입법조사처가 한 국회의원실의 의뢰를 받아 위와 비슷한 조사를 했는데, 여기서는 2012년 기준 OECD(평균)와 한국의 '사회임금' 비중은 각각 40.7% 및 12.9%로, 오히려 격차가 더 벌어진 것으로 나타났다.[8]

교토대 경제학부 교수를 지낸 다치바나키 도시아키는 문화적으로나 경제적으로 우리와 비슷한 일본을 두고 "복지국가가 아니라 복지가족 혹은 복지기업"이라고 평가하면서 다음과 같이 말하는데, 이는 한국에도 거의 그대로 적용된다.

3부. '기본'을 넘어서

가족은 무슨 일을 하고 있을까. 예를 들어, 성인이 된 자녀가 노부모를 경제적으로 보장하거나 동거하는 것, 혹은 간병을 한 경우에도 가족이 관련되어 있다. 빈곤하게 되었을 경우에 먼저 친족으로부터 경제적 원조를 기대할 수 있다는 것이 법률로 정해져 있다. 이것이 생활보호제도가 성숙하지 못했던 이유로도 이어진다. 실업의 경우에도 거의 같다. 기혼여성이나 젊은이가 실업을 당해도 이들은 부모의 경제적 보호에 의존하고 있었던 것이다.

기업은 어떨까. 대기업은 사택, 보양소, 병원, 퇴직금, 기업연금 등의 비법정 복리후생비를 많이 지출한다. 불황기에도 크게 해고하지 않고 노동자를 품어 안아 실업자 발생을 최소화하였던 것도 일종의 기업 세이프티넷으로 볼 수 있다. 중소기업은 대기업보다는 이러한 기능을 수행할 능력이 미약했을 뿐이다. 법정 복리후생비인 사회보험료의 기업 부담분도 기업이 복지에 기여하는 모습의 일종인 것이다.[9]

개인의 경제적 재생산과 안전을 보장하는 주체가 국가보다는 기업이나 가족이라는 것이 그 자체로 나쁘다고 할 수는 없다. 어떤 식으로든 원활하게 소기의 기능을 발휘하면 상관이 없고, 그런 한에서 한국이나 일본의 방식은 그 나름의 고유한 '모형'이라고도 할 수 있다. 또한 그간 한국에서 개인 자신의 저축이나 사적 보험,[10] 그의 가족을 통한 사적이전소득과 노동, 또는 기업이 제공하는 현금성 및 현물성 복지가 개인의 경제적 재생산과 안전 확보에 중요한 역할을 했던 것은, 빠른 경제성장 과정에서 제도 발달의 지체라는 현실에 대응해 성립된 나름대로 '합리적인' 체제라고도 할 수 있다.

문제는 최근 들어 우리나라에서 기업이나 가족의 안전 제공 역할이 위기를 맞고 있다는 사실이다. 일반적으로, 국가보다는 기업이나 가족에 안전 보장을 의존하는 사회는 그와 관련된 불확실성이 클 수밖에 없다. 기업이나 가족이 제공하는 조력은 개인 간 격차가 너무 크기도 하지만, 같은 개인이라도 상황에 따라 기업·가족으로부터 기대할 수 있는 조력의 편차가 상당할 수밖에 없다.

따라서 그런 체제에서는 안전 보장 비용의 전체적인 규모도 커지기 쉽다. 여기에 더해, 한국에서는 1990년대 이래 기존의 안전 제공 체제를 위협하는 움직임이 빠르게 진행되고 있다. 무엇보다 두드러진 것은 고용의 형태(정규직 대 비정규직)나 기업의 규모(대기업 대 중소기업)에 따른 임금격차가 꾸준히 커지고 있다는 점이다. 이러한 격차는 기업 복지 수준에도 고스란히 반영되고 있는데,[11] 요즘 기업 복지는 일부 대기업에나 남아 있다고 할 만큼 전반적으로 축소되기도 했지만, 그나마 비정규직은 통근, 주거, 급식, 자녀학자금지원 등 통상적인 기업 복지에서 차별적인 대우를 받고 있다. 이뿐만이 아니다. 기업은 국가의 사회보장 정책의 주요 전달 경로이기도 한데, 이를테면 노동자들은 보통 기업을 통해 4대 사회보험

(고용보험·산재보험·건강보험·국민연금)에 가입한다. 하지만 그 가입률이 정규직과 비정규직 간에 체계적인 격차를 보이고 있다는 것은, 이제 더 이상 기업을 국가의 주요한 복지제도의 전달 포인트로 삼기 어렵다는 의미가 아닐까. 요컨대 이제 우리는 기업이 제공하거나 기업을 통해 제공되는 복지에서 더 이상의 '사회적 역할'을 기대하기는 어렵게 되었다고 해야 할 것이다.

기업 및 고용 부문에서 확대되고 고착화되는 각종 격차는 개인의 삶과 그가 구성하는 가족형태에도 결정적인 영향을 미친다. 무엇보다 고용의 양극화와 불안정은 노동자와 영세 자영업자에겐 소득 정체 또는 감소를 의미하며, 이에 따라 개인의 저축 여력은 줄어들 수밖에 없다. 비정규직 노동자의 4대 사회보험 가입률이 낮은 것도, 제도 자체가 가진 결함 때문이기도 하지만 소득 부족에 따른 개인 차원의 합리적 대응의 결과이기도 하다. 즉 4대 보험 가운데 대표적으로 국민연금은 노후를 대비한다는 점에서 필요한 것이나 당장 처분 가능한 소득을 줄인다는 점에서 젊은 저임금 노동자에겐 매력도가 떨어지는 제도이기도 하다.

경제적 불안정은 가족의 변형과 해체를 가속화하기도 한다. 가족의 조력을 받지 못하는 독거노인이나 청년층 1인 가구가 빠르게 늘어나고 있다는 것은 공공연한 사실이고, 최근 청년층의 결혼 기피와 출산율 저하는 이미 우리 사회의 가장 중요한 문제로 자리 잡았다. 요컨대, 우리나라에서는 '(복지)국가의 실패'가 아니라 '기업의 실패'와 '가족의 실패'를 걱정해야 할 상황이며, 사실은 그러한 실패가 국가의 더 적극적인 역할을 요구하고 있는 형국이다.

한국의 사회보장: 확대의 필연성

결국 최근 사회 전반에서 비등하고 있는 국가의 사회보장 기능 강화 요구는 이상과 같은 경제적 재생산을 둘러싼 환경 변화, 그러니까 대외적인 경쟁 격화, 저성장 기조 확립, 인구 고령화, 기술 진보, 산업구조 재편 등 경제 환경 변화에 따른 개인 삶의 재생산 방식의 변화를 반영하는 것으로 볼 수 있다. 1990년대 중반 이후 일자리 불안은 우리 경제의 '상수'가 되었다. 대다수 사람들에게 소득 획득의 근거인 일자리가 불안하니 삶 전체가 위태로워지고, 이런 상황에서 시민들과 기업은 정부만 바라보는 것이다.

국가가 사회보장 기능을 강화한다는 것은, 기본적으로 〈그림 8-1〉에 나타난 정부의 사회지출을 늘린다는 것을 의미한다. 여기엔 크게 두 가지 문제가 결부된다. 먼저, 사회지출 확대에 필요한 재원을 어떻게 마련할 것인가의 문제가 있다. 물론 그 재원은 국민의 세금과 사회보장기여금에서 나올 수밖에 없다. 이 둘의 합을 국내총생산(GDP)으로 나눈 값을 국민부담률이라고 하는데, 〈그림 8-4〉는 그 추이를 보여준다. OECD 나라들의 전체 평균이 1990년대 들어서부터 지금까

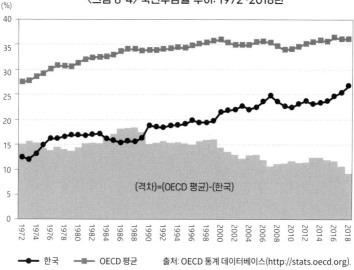

〈그림 8-4〉 국민부담률 추이: 1972~2018년

(격차)=(OECD 평균)-(한국)

■—● 한국   ■—■ OECD 평균   출처: OECD 통계 데이터베이스(http://stats.oecd.org).

지 35% 안팎을 유지하고 있는 데 반해, 우리나라의 국민부담률은 같은 기간에 꾸준히 증가하고는 있지만 역사상 가장 높은 값을 기록한 2018년에도 OECD 평균보다 9.3%포인트가량 적은 실정이다. 기계적으로 해석하면 이는 우리나라 GDP의 약 9%, 즉 약 180조 원 정도의 증세 여지가 우리에게 있다는 의미다.

향후 우리는 위 격차를 줄여나가야 할 것인데, 이렇게 세금을 추가로 걷었다면 그것을 어떻게 쓸지가 결정되어야 한다. 물론 〈그림 8-5〉에서 명확하게 드러나듯 증가한 세수입 대부분은 '사회보장 및 복지' 분야에 돌려져야 할 것이나, 지출의 구체적인 방식을 둘러싸고 의견이 분분한 실정이다. 기존의 다소 복잡한 사회보장제도를 심화·확대할 수도 있을 것이고, 기본소득제·기본자산제·전국민고용보험제·일자리보장제 같은 새로운 패러다임을 시도해볼 수도 있겠다. 각각의 방안은 경제에 대한 상이한 비전과 철학을 내포하므로, 무엇을 택하든지 그러한 선택이 의미하는 바를 명확하게 인지하고 거기 내포된 비전과 철학을 효과적으로 실현할 전략을 갖추어야 할 것이다.

동시에, 정부의 그러한 지출이 경제를 어떻게 변모시킬 것인가에 대해서도 분석이 필요하다. 사회보장이란 국가가 경제의 재생산에 개입하는 방식이라고 했다. 그렇다면 국가의 사회보장 기능 확충은 국가가 경제에 개입하는 방식의 변경을 의미하고, 이는 궁극적으로 경제 전체가 재생산되는 방식에도 영향을 미치지 않을 수 없다. 무엇보다 그것은 첫째, 기존에 가족이나 기업이 행하던 사회보장의 일부를 국가가 대체하는 것일 테고, 둘째, 국가가 낮은 수준의 복지제도하에서 임시적으로 행하던 역할을 한층 본격화하는 것이기도 할 테다. 예를 들어보자. 공공 사회지출을 늘림으로써 정부가 사회보장 기능을 강화할 때, 정부의 상이한 기능들 간의 관계가 변화할 수 있다. 일반적으로, 정부가 특정한 사회보장 정책을 본격적으로 시행하기 위해 어떤 명목의 지출 항목을 신설할 경우, 해당 기능을 수행하기 위해 (임시로) 존재하던 기존 지출 항목은 축소되거나 폐지되어야 할 것이다. 정부가 일정 소득에 못 미치는 가구 출신의 학생들에게 얼마간의 급식비를 보

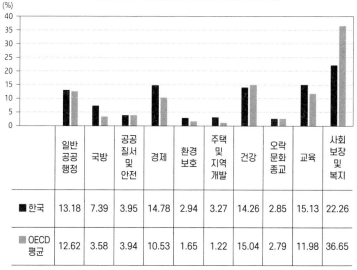

〈그림 8-5〉 분야별 정부지출 비중: 2017년

	일반 공공 행정	국방	공공 질서 및 안전	경제	환경 보호	주택 및 지역 개발	건강	오락 문화 종교	교육	사회 보장 및 복지
■ 한국	13.18	7.39	3.95	14.78	2.94	3.27	14.26	2.85	15.13	22.26
■ OECD 평균	12.62	3.58	3.94	10.53	1.65	1.22	15.04	2.79	11.98	36.65

출처: OECD 통계 데이터베이스(http://stats.oecd.org).

조해주고 있다고 하자. 이때 모든 학생을 대상으로 한 의무급식제가 새로 시행된다면, 기존의 급식보조제도는 폐지되어도 좋을 것이다. 물론 이 경우 시민들은 더 많은 세금을 납부해야 하겠지만, 동시에 종전에 자녀 도시락에 들이던 비용과 시간을 아낄 수 있게 된다. 복지 차원에서 저소득 가구에 제공되던 몇몇 소득공제나 세액공제도 소기의 목적이 좀 더 포괄적인 사회보장 정책으로 달성될 수 있다면 없앨 수 있을 것이다.[12]

사회보장 강화의 방법들: 분배와 소비를 중심으로

개인은 자신의 소득뿐 아니라 국가, 기업, 가족 등으로부터 제공되는 다양한 자원에 의존해 안전한 경제적 재생산을 보장받는다고 했다. 어떤 자원이 누구에게서 유래하든, 그러한 자원의 배합 비율이 안정적으로 유지되기만 한다면, 어쨌든 괜찮은 것이다.

그러니 기본적으로 최근 국가의 사회보장 강화 요구는 그러한 균형이 깨졌기 때문에 나오는 것으로 이해할 수 있다. 왜 깨지는가? 인구 대다수의 소득이 줄었기 때문이라는 게 최근 많은 연구자들의 대답이다. 개인에게 경제활동의 궁극적 목적은 소비다. 개인에게 소득 감소는 그가 삶의 안정적 재생산에 필요한 생활 자료와 안전을 확보하지 못한다는 뜻이다. 그런데 애초에 소득은 왜 줄었나? 세계화에 따라 다니던 회사가 해외로 이전하면서, 또는 '4차 산업혁명'의 소용돌이 속에서 일자리를 잃었을 수도 있고, 운영하던 작은 업체가 대기업의 '횡포'에 무너졌을 수도 있다. 결국 모든 원인은 생산에서의 어떤 변화에 있고, 분배 왜곡(불평등 심화)과 소비 위축은 그 결과다.

이렇게 보면 국가의 역할은 대체로 원인의 제거보다는 결과의 시정을 목적으로 하는 것 같다. 국가의 개입이 주로 분배와 소비 영역의 문제로 인식되니 말이다. 먼저 분배 영역에서 국가는 소득이 부족한 이들에게 일정액의 소득을 지급함으로써(빈민수당 등) 국민 모두에게 최소한의 소득을 보장해

주거나 각종 자격에 따라 소정의 수당(아동수당, 기초연금 등)을 지급한다. 또한 소비 영역에서는 국민이 보편적으로 필요로 하는 육아, 교육, 주거, 보건의료, 노후보장 등과 관련된 다양한 재화와 서비스를 공급한다. 이러한 두 영역에서 국가의 기능은 복지국가가 흔히 행하리라 기대하는 것들이다.

오늘날 경제 문제의 해결책으로 새롭게 제시되곤 하는 전국민고용보험제, 일자리보장제, 기본소득제, 기본자산제 등도 원인보다는 결과의 시정에 초점을 맞추고 있다. 이 대목에서 기본소득제와 기본자산제가 일종의 보편적 성격의 소득보조 정책임은 별도의 설명이 필요치 않을 것이다. 전국민고용보험제는 보통 일정 기간 이상 정기적으로 보험료를 납입한 노동자를 대상으로 하는 고용보험제를 보편화한 것으로, 예술인이나 이른바 특수고용직 노동자, 프리랜서와 자영업자에게도 일자리가 위태로워졌을 때 일정 소득을 보장해 준다는 취지를 담고 있다. 또한 일자리보장제는 최근에 진보 성향의 일부 학자들 사이에서 인기를 얻고 있는 정책으로서, 국가가 모든 시민에게 일자리를 보장함으로써 모두가 일정액 이상의 소득을 누릴 수 있게 하는 것을 목적으로 한다. 전국민고용보험제와 일자리보장제는 일자리를 매개로 하는 정책이라 생산 영역에 개입하는 것이라고 볼 수도 있다. 그러나 사람들이 생산에 참여하게 만드는 것보다는 그것을 통해 모두에게 일정 수준 이상의 소득을 보장하는 것이 정책의 목표라는 점에서, 분배 정책에 더 가깝다고 평가할 수 있다.

각 정책이 여타 정책들에 비해 갖는 차별성 내지 장단점을 추상적으로나마 생각해볼 수도 있겠다. 이를테면, 명목가치가 같다면 유동성 높은 현금이 현물보다 낫겠지만, 보통 같은 금액으로 국가는 개인보다 더 많은 재화와 서비스를 조달할 수 있다는 사실도 고려되어야 할 것이다. 논리적으로만 따지면 상이한 정책으로 동일한 효과를 내게끔 설계할 수도 있다. 일자리 교란으로 노동자의 월 시장소득이 평균 30만 원 줄었다면, 국가는 이를 월 30만 원의 기본소득으로 메워줄 수도 있지만 그에 상응하는 현물 내지 서비스(예: 공공주택)를 제공함으로써 벌충해줄 수도 있다. 실업 상태에 처했을 때 누구라도 실업급여를 받을 수 있게 할 수도 있지만, 그런 개인에게 국가가 의무적으로 일자리를 제공할 수도 있다. 무엇을 선택할 것인가? 결국 그것은 정부가 지향하는 가치, 만들어가고자 하는 경제의 상에 따라 결정될 것이다.

이상과 같은 국가 개입 방식을 〈그림 8-6〉과 같이 요약할 수 있다. 사람들은 생산에 참여하여 일정한 소득을 얻고, 그 일부를 국가에 세금으로 납부한다. 이 세금을 재원으로 국가는 다양한 명목으로 개인에게 소득을 직접 이전해주거나 그의 소비를 보장해준다. 이리하여 개인은 시장소득 가운데 세금 등을 뺀 처분 가능한 부분(A)과 국가로부터 이전받은 공적이전소득(B)을 사적인 소비 재원으로 갖게 되며,[13] 동시에 국가로부터 소비의 일부를 직접적으로 지급받기도 한다(C). 결국 개인은 A+B+C를 자신의 경제적 재생산과 안전 확보를

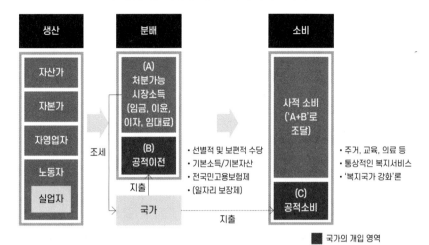

〈그림 8-6〉 국가의 개입 방식: 분배와 소비 영역

위한 재원으로 갖게 되며, 그에게 재생산의 안정성은 재원 총액(=A+B+C)의 충분성과 이를 구성하는 A, B, C 각 항목의 배합 비율의 안정성의 문제로 귀결될 것이다.

요컨대, 총액이 일정 수준에서 안정적으로 유지되기만 하면 개인의 재생산은 보장된다고 할 수 있을 것이다. 오늘날 우리가 느끼는 재생산 교란의 원인이 대체로 A의 감소 및 안정성 저하인 만큼, 이를 만회하기 위해 국가는 B나 C, 또는 둘 모두를 늘리라고 요구받고 있는 셈이다. 전통적인 복지국가가 주거·교육·의료 등과 관련된 재화나 서비스를 국가가 직접 시민들에게 제공해주는 정책을 통해 주로 소비 영역에서 경제에 개입해왔다면, 최근에 국가는 분배 영역에 개입해 소득 왜곡을 시정할 것을 주로 요구받고 있는 모양새다.

맺음말: 기본소득의 '제자리'

최근 전 세계적으로 불평등 심화에 대한 우려가 깊어지면서 국가의 사회보장 기능 확대 요구가 거세지고 있다. 우리나라의 경우 이러한 요구는 국가 기능의 양적 확대를 넘어, 개인이 경제적 '안전'을 얻는 방식 자체의 전환을 의미한다. 이제껏 우리나라에서 안전 제공 기능의 상당 부분은 기업이나 가족이 맡아왔는데, 이는 소득수준이 높은 사람들일수록 사회의 경제적 안전 보장 체계의 보호를 더 잘 받고 있음을 의미한다. 시장소득에서 불평등의 골을 만드는 바로 그 단층斷層—고용형태(정규직-비정규직 또는 대기업-중소기업)나 가족 배경(자산, 학력 등 부모의 '사회적 자본')의 차이—을 따라 안전에 대한 접근성의 불평등도 깊어지고 있다. 이러한 불평등이 경제 전반의 활력을 떨어뜨린다는 인식, 그리고 불평등 시정을 위해 과감한 행동이 필요하다는 인식이 현재 전 세계적으로 공감대를 넓혀가고 있다.

이에 따라, 최근 교란되고 있는 재생산 체제를 안정화하고 경제의 불균형을 시정하기 위해 여러 과감한 제안들이 제출되고 있다. 이 책에서 주로 다뤄온 기본소득도 그 가운데 하나다. 그러나 2부에서 논했듯이 기본소득은 오늘날 사회갈등의 현황을 성실하게 고려하지도 않고 현대 국가가 확보하고 있는 정책 능력에도 걸맞지 않은 '게으른' 대책이고, 이런 점이 '기본'의 역사에 고스란히 드러나 있음은 1부에서 검토한 대로다. 기본소득론은 생산 영역 교란의 직접적 결과인 시장소득 불안정 현상에 대해서는 체념적인 태도를 유지하고 있고('4차 산업혁명의 거스를 수 없는 결과'), 국가의 복지 제공 역할에 대해서는 지나치게 부정적인 입장을 가지면서('복지국가 실패'론에 편승), 국가의 역할을 전적으로 분배 교정에만 집중시키고 있다.

그렇다고 기본소득론이 담고 있는 '정신' 자체를 완전히 버릴 필요는 없다. 그러면 어떻게 그것을 살릴 수 있을까? 간단하다. 기본소득론은 오늘날 개인의 경제적 재생산 및 안전 확보의 세 가지 주요 재원 가운데 하나인 공적이전소득(B)과 관련된 하나의 독특한 입장으로 이해하고 또 정책적으로 고려하는 게 적절하다. 최근 제안되고 있는 월 10만 원 수준의 기본소득을 그런 견지에서 이해할 수도 있겠다. 그러나 어떻게 보더라도, 발달한 현대 경제에서 모든 국민에게 정액의 현금을 정기적으로 나눠준다는 생각이 형평성과 효율성을 담보하기는 어려워 보인다. 음의 소득세제와 같은 형태가 더 현실적이고, 공정성에 대한 대중의 감각에도 더 부합한다.

9장

결론:
'기본'이 위태로워진 시대,
국가의 역할은?

지금까지 우리는 최근 경제 정책의 '다크호스'로 떠오르고 있는 기본소득론에 대해 논했다. 과연 미래는 그 옹호자들이 말하듯 기본소득의 시대가 될 것인가? 여기에 답하기 위해 우리는 먼저 여전히 많은 사람들에게 생소할 수 있는 기본소득론의 역사를 꽤 상세하게 살폈다. 이를 토대로 우리는 첫째, 기본소득론의 의의와 한계를 좀 더 명확하게 규정했고, 둘째, 단순한 찬반을 넘어서 향후 우리에게 닥칠 경제 문제에 대응할 때 그것의 적절한 위치와 역할이 무엇일지를 제시하고자 했다.

경제 체제에 대해 문제를 제기하는 데는 다양한 방식이 있다. 일찍이 카를 마르크스는 자본주의의 근간이 되는 양대 계급, 자본가와 노동자 간의 적대antagonism 관계를 중심으로 이 체제의 구조적 모순을 파헤친 바 있고, 20세기 경제학의 거목인 존 케인스는 앞 세기의 토머스 맬서스나 존 홉슨John A. Hobson, 1858~1940을 계승해 자본주의 경제가 만성적인 수요 부족으로 위기에 빠질 수 있음을 경고했다. 레닌과 그 동료들은 두 갈래의 사상을 저마다 다른 정도로 계승하면서 자본주의의 적대적 성격을 국제적 차원으로 확장했고, 이것이 훗날 종속이론, 세계체계론 등으로 발전했다.

이 책에서 우리가 살펴본 기본소득론도 자본주의 체제를 문제 삼는 하나의 독특한 입장이라고 볼 수 있다. 무엇보다 기본소득론은 체제 자체보다는 체제의 작동이 낳는 결과, 곧 대중의 삶의 안정성 교란이라는 문제에 천착한다는 특징을 갖는다. '기본을 보장하라!' 이것만큼 근원적이고도 준엄한 명령이 또 어디 있겠는가. 기본소득론의 문제의식이 자본주의 체제가 위기에 처했을 때 특히 빛을 냈던 건 그런 성격 덕분이었다. 그러나 역사적으로 그러한 명령은 기본소득의 실현으로써 해소되지는 않았다. 왜 그럴까? 이 책에서 우리는 그것이 기본소득론 자체의 결함, 곧 자본주의 체제의 본질에 대한, 그리고 그 체제의 발달 추이에 대한 불충분한 이해에서 비롯되었다는 것을 보이고자 애썼다.

기본소득론에 비판적이기는 했지만, 우리는 이 책에서 줄곧 자본주의 경제 체제 안에서 대중의 삶의 안정성 확보라는 기본소득론의 문제의식을 존중하면서, 기본소득론이 아니라면 그러한 안정성은 어떤 방식으로 보증될 수 있을지를 탐구했다. 이 과정은, 기본소득론의 실패 원인이 자본주의 경제 체제에 대한 몰이해에서 비롯되는 만큼, 자본주의 자체에 대한 차분한 재검토에서 출발하지 않을 수 없었다. 이 책에서 특히 우리가 주목한 것은, 자본주의 경제는 생산·분배·소비라는 세 개의 측면으로 구성되며 대부분의 개인은 이 세 영역을 순차적으로 거치면서, 그리고 그 과정을 반복하면서 경제적으로 재생산된다는 사실이었다. 그렇다면 대중의 삶의 안정성 교란이란 곧 '생산-분배-소비' 사이클의 교란과 다름없고, 교란의 원인과 해결책도 저 세 영역 각각에서 다양하게 모색될 수 있을 것이다.

이로부터 기본소득론이란 개인의 삶의 안정성 교란이라

는 문제를 분배 영역에서 포착하고 또 해결하고자 하는 하나의 입장이라는 결론이 나온다. 그러나 기본소득론은 분배 영역에서 문제의 해결을 모색하는 유일한 입장도 아니고, 경제의 문제를 꼭 분배의 영역에서만 해결하려고 할 필요도 없다. 너무도 당연한 얘기지만, 주어진 목적을 달성하기 위해 분배가 아닌 생산이나 소비의 영역에서 기울일 수 있는 노력들이 분명히 있다. 그렇다면 어느 하나의 정책에 '올인'하기보다는, 생산·분배·소비를 가로질러 경제 전체의 메커니즘을 시야에 두고서 대중의 삶의 안정성을 회복하기 위해 취할 수 있는 공공 정책들의 적절한 조합을 고민하는 것이 더욱 지혜로운 태도일 것이다.

그런 취지에서 우리는 8장에서 개인의 경제적 재생산에 어떤 자원이 쓰이는지를 살펴보았다. 어떤 상황에서든지 가장 중요한 것은 개인 자신이 생산활동에 참여한 대가로 거두는 소득이지만, 비교적 최근까지 우리나라에서는 가족이나 회사가 개인에게 제공하는 금전적·비금전적 지원의 역할도 무시할 수 없을 정도로 컸다. 그러나 1990년대 중반 이후 오늘에 이르기까지, 개인의 경제적 재생산과 안전 확보에서 가족과 회사의 비중은 줄어드는 대신에 국가의 역할이 충분하지는 않을지라도 점진적으로 커져왔다. 국가의 역할은 크게 분배 영역에서 세금의 징수와 공적이전소득의 지급, 소비 영역에서 공적재화와 서비스 제공 등으로 나뉜다. 따라서 우리는 한 개인이 경제적으로 재생산될 때 이용할 수 있는 자원을 그가 생산활동 참여의 결과로 벌어들이는 시장소득(A), 국가로부터 받는 공적이전소득(B), 역시 국가로부터 제공받는 각종 공적재화와 서비스(C) 등 세 가지로 나눠서 볼 수 있게 된다. 이 셋은 생산·분배·소비라는 경제의 세 영역에 대응하며, 개인의 삶의 물적 안정성이란 결국 이 셋의 총합과 구성 비율의 안정성을 의미한다고 할 수 있다.

기본소득과 사이비-기본소득: '보편적 수당'의 전망

지금까지 우리는 기본소득론을 다각도에서 비판했고 그것의 장래도 그리 밝지 않다고 전망했다. 하지만 현실이 늘 바람직한 방향으로 흐르는 건 아니며, 현실을 구성하는 세력들 간의 관계가 어떻게 전개되느냐에 따라 다양한 결과가 가능하다. 그렇다면 혹시 기본소득이 힘을 얻을 수도 있지 않을까? 기본소득이 일반화한 미래는 어떤 모습일까?

먼저 구별해둘 것이 있다. 정액의 급부를 모든 개인에게 정기적으로 지급하는 것이야말로 기본소득론의 핵심이며, 이런 특성은 기본소득론이 징발 대상으로 삼는 자원의 성격에서 유래한다고 했다. 토지나 플랫폼에서 유래하는 소득이 그런 자원이다. 이를 공동체가 거둬들여 그 본래 주인에게 돌려준다는 게 기본소득론의 본질이다. 따라서 기본소득의 이름으로 행해지더라도 그 재원이 지대나 플랫폼 수익 따위가 아니라 일반 소득세나 기타 조세인 경우엔, 그것은 더 이상 기본소득이 아니다. 단적으로 말해, '지대를 걷어 모두에게 지급하는 월 100만 원'과 '현대에 와서 발달한 재분배 개념에 입각해, 소득수준에 따라 누진적으로 거둬들인 세금을 재원으로 모두에게 지급하는 월 100만 원'은 본질적으로 다르다. 오늘날 현실적으로 고려되고 있는 모든 수당—각종의 '유사-기본소득'도 포함하여—은 후자의 성격을 가지며, 이는 오로지 현대에 와서야 인간의 기본권의 일부로 자리 잡은 소득재분배 및 경제적 안전 보장의 일환으로 실행되고 있는 것으로, 기본소득과는 무관한 정책들이다.

그러므로 우리는 기본소득과 보편적 급부를 분리해서 생각해도 좋을 것이다. 보편적 성격을 갖는다고 모두가 기본소득은 아니다. 최근 우리나라에서 정책화되었거나 정책화 앞 단계까지 와 있는 특정 연령대의 시민에게만 제공되는 보편적 성격의 수당(예: 아동수당, 청년수당), 또는 나이와 상관없이 모든 시민을 대상으로 설계된 (월 200만 원이나 300만 원이 아니라) 10만 원 또는 20만 원의 보편적 수당 등을 떠올려보라. 기본소득은 그저 보편적 급부의 한 형태일 뿐임을 이해하지 못하는 사람에겐, 이런 정책들은 그저 기본소득의 '마중물'로만 보일 것이다.

이것들이 기본소득이 아닌 것은 단순히 액수가 적거나 지급 대상이 제한되어 있어서는 아니다. 위 수당들은, '원래 그들의 몫을 그들에게 되돌려준다'라는 기본소득의 이념을 조금도 담고 있지 않기 때문이다. 그러니 행여 앞으로 '모든 개인에게 정기적으로 정액의 현금을 지급하는 정책'이 시행된다고 해도, 그것은 오늘날 기본소득론자들이 말하는 기본소득은 아닐 것이다. 아동수당이 그런 예다. 아동수당이란 정부에 의해 만 8세 미만의 아동에게 월 10만 원씩 지급되는 돈으로, 이 제도는 국회의 의결을 거쳐 2018년 9월부터 시행되고 있다. 애초 아동수당은 당시 자유한국당(현 국민의힘) 등 보수 성향 정당의 주장에 따라 소득 상위 10%에는 적용하지 않는 것으로 결정되었으나, 국회 안팎에서 커다란 논란을 일으킨 끝에 소득·재산에 상관없이 모든 아동을 대상으로 하게 되었다. 이에 따라 아동수당은 모든 시민에게 보편적으로 지급되는 정액 급부라는 점에서—비록 특정 연령대만을 대상으로 삼기는 하지만—기본소득 성격을 갖는 정책으로 여겨졌었다.

그러나 아동수당은 기본소득과 전혀 관계가 없다. 정책의 대상 연령대가 제한되어서가 아니다. 이 수당은 '본래 주인에게 돌려준다'라는 취지를 담고 있지 않아서다. 아동수당의 취지는 소득이나 재산과 상관없이 모든 아동에게 적절한 생존조건을 보장해준다는 것이다. 이 취지는 '보편 지급'이라는 형식으로써만 실현될 수 있는 게 아니다. 실제로 아동수당의 지급 대상을 넓히는 과정에서 '소득 상위 10%를 걸러내는 행정비용이 그 10%에게 지급할 아동수당 총액보다 크다'라는, 지극히 '기술적인' 성격의 논리가 결정적인 역할을 하지 않았는가? 이 말은, 향후 아동수당의 월 지급액이 상향되거나 각종 제도 환경의 개선에 따라 소득 파악 및 선별 지급을 위한 행정비용이 줄어들면, 얼마든지 아동수당은 선별적으로 바뀔 수 있음을 의미한다. 여기서 보듯, '보편성'이란 지극히 기술적인 견지에서 채택되거나 채택되지 않을 수 있는 급부 지급의 형식일 뿐이다

또한 상상해보라. 이른바 '4차 산업혁명'이 극단화해 인공지능을 탑재한 거대한 기계장치가 지금까지 인간이 수행해온 온갖 유용한 역할을 빼앗아간 세상을. 자본주의는 경제적 성과를 토대로 인간의 가치를, 그리하여 인간관계를 정의하는 체제다. 그런데 기계가 생산을 지배하는 저 미래엔 그런 기준이 적용될 수 없다. 이제 인간관계는 경제적 성과로 규정되지 않는다. 어쩌면 그건 자본주의 이전의 신분제 사회와도 같을 것이다. 여기선 대부분의 인간은 노예와 같은 상태로 전락할 수 있으며, 일부 선택받은 자들이 내려주는 '만나' 같은 것으로 근근이 굴종적인 삶을 유지해야만 할지도 모른다. 기업화된 양계장의 닭장 속 닭에게 제공되는 모이와도 같을 그 '만나'가 기본소득론자들이 그토록 옹호하는 기본소득은 아닐 것이다.

다시 오늘의 현실로 돌아와보자. 현대적인 재분배 개념에 입각해서도 보편적 성격의 급부 정책을 얼마든 설계할 수 있지만, 이것이 거기에 드는 재원을 출연할 부자들의 환영을 받기는 어려울 것이다. 무슨 뜻인가? 모든 시민에게 보편적으로 얼마씩을 주는 정책이 필요하다면, 그 이유는 두말할 것

도 없이 임금으로 대표되는 시장소득이 줄었기 때문이리라. 그러한 임금 인하는 애초 자본가를 포함한 자산가들의 이익을 위해 추구되었을 것인데, 이제 임금이 지나치게 인하된 결과 국가가 모든 시민에게 정액의 소득을 보전해준다고 하면, 저 자본가·자산가들은 차라리 임금 인상을 선호하지 않겠느냐는 것이다. 어차피 자신들이 내는 돈으로 노동자들을 돕는 것이라면, 국가를 통해 주는 것보다는 직접 주는 것이 여러모로 자신에게 유리할 테니 말이다. 이렇게 보면, 보편적 수당은 현실에서 실행되더라도 소액에 그칠 가능성이 높다.

기본소득이 촉발하는 독특한 순환

지금까지 이 책에서 본격적으로 다루지 않은 주제가 하나 있다. 바로 재원 문제다. 이 중요한 주제를 건너뛰다시피 한 까닭은 그것이 지나치게 기술적인 성격을 갖고 있어서이기도 하지만, 지금까지 우리가 행한 비판을 통해 독자들 스스로 기본소득론이 내놓는 재원 마련책에 대해 판단할 수 있으리라 여겼기 때문이다. 그래도 책을 마무리하는 시점이니 몇 가지 포인트는 짚어보는 게 좋겠다.

기본소득의 실행에는 막대한 자금이 든다. 이것이 많은 이들에게 공포스럽게 다가가기도 한다. 특히 그 비용의 대부분을 부담할 부자들에게 기본소득은 피하고 싶은 정책일 것이다. 하지만 기본소득을 옹호하는 부자들도 적지 않다. 전기차 회사 테슬라의 대표 일론 머스크Elon Musk가 대표적이다. 대체 그는 무슨 생각으로 기본소득을 옹호하는 것일까? 그의 기본소득 옹호를 그가 행하는 많은 '기행' 중 하나로 보는 사람도 많다. 그러나 머스크의 기본소득 지지는 그와 같은 자본가로서는 자신의 이해관계에 부합하는 지극히 합리적인 행동이라고도 볼 수 있다.

이 책에서 계속 강조했듯이, 경제란 흐름이자 순환이다. 기본소득은 만약 그것이 실현될 경우 경제에 소득과 자원의 독특한 순환을 만들어낼 것이다. 4차 산업혁명 때문이든 다른 무엇 때문이든, 대중의 소득이 크게 줄어들었다고 해보자. 소득이 줄면 사람도 살기 힘들지만 기업도 크게 타격을 받는다. 인공지능 기계를 이용해 물건을 아무리 값싸게 만들어도, 이를 구매할 여력이 소비 대중에게 없다면 기업은 존속할 수 없다. 이때 정부가 지대를 걷어 모든 개인에게 기본소득을 지급하면 어떨까? 여력이 생긴 개인들은 소비를 늘릴 것이며, 일단 이것만으로도 기본소득은 자본가에게 이득을 가져다준다고 할 수 있을 것이다. 그런데 이런 '기본소득 지급→소비 증대→기업 이윤 증가'의 순환은, 사실은 지대 수입을 얻는 자산계급으로부터 자본가에게로 소득 이전의 흐름이기도 하다. 그렇다면 왜 자본가가 이것을 마다하겠는가? 물론 지대소득자뿐 아니라 자본가도 기본소득 재원을 부담할 수 있다. 하지만 그런 경우에도, 만약 소비가 모든 상품에 대해 균등하게 늘지 않고 특정 상품들을 중심으로 늘어난다면, 머스크와 같은 첨단 소비재를 생산하는 자본가는 여전히 '승자'로 남을 수 있을 것이다. 이때 기본소득은 결과적으로 자산소득자와 다른 자본가로부터 첨단 독점자본가로 소득의 이전을 가능케 하는 '파이프라인' 같은 것이 된다.

이렇게 기본소득이 촉발하는 경제의 순환에 주목하면, 다른 흥미로운 통찰들을 더 얻을 수 있다. 하나만 더 소개해보자. 옹호자들은 토지·자연, 빅데이터, 플랫폼 등에서 창출되는 수익을 기본소득의 재원으로 삼고자 하는데, 최근 환경오염과 기후변화에 대한 대중의 관심 고조에 따라 환경세(탄소세)를 많이 걷을 수 있는 분위기가 조성되면서 기본소득에 대한 전망도 더 밝아지고 있다. 그런데 환경세라는 게 뭔가? 모름지기 환경세란 반환경적으로 생산하는 기업, 그리고 그런 기업이 생산한 상품을 구매하는 소비자에 대한 징벌 성격을 갖는다. 따라서 이들로부터 걷은 환경세는 그들이 더럽힌 환경을 개선하고 기후변화의 추세를 반전시키는 데 쓰는 게 순리일 것이다. 그런데 만약 그런 돈을 불특정 다수의 사람들에게 나눠준다면 어떨까? 그 돈의 일부는 위의 반환경적으로 생산된 상품들을 구매하는 데 쓰일 것이다. 말하자면, 환경세가 결과적으로 기존의 반환경적 자본주의 체제를 재생산하는 데 봉사하는 것이다. 과연 이것이 기본소득론이 지향하는 미래일까?

요컨대, 기본소득은 그 시행에 막대한 자금이 들기 때문에 그 비용을 직접 부담할 부자들로서는 꺼려질 수밖에 없는 정책인 것도 같지만, 그것이 촉발할 경제의 순환을 전체적으로 조망하면 꼭 그렇지만도 않다는 얘기다. 기본소득을 필요하게 만든 임금 저하와 소득 양극화는 일부 가난한 사람들만 힘들게 하는 게 아니다. 그것은 경제의 전반적인 수요 감퇴를 가져와 기업활동을 위축시키고 체제 전체를 위기에 빠뜨릴 수 있다. 이런 현실에서 기본소득의 시행은 필수적인 소비조차 하지 못하는 대중뿐 아니라 위기에 빠진 자본주의 체제가 원하는 것일 수도 있다. 파국적인 공멸을 피할 수 있다면 그것도 나쁘지 않을 것이다. 하지만 과연 그것이 최선일까? 독점자본가와 반환경적 기업에까지 친화적인 기본소득? 기본소득론의 보수성은 여기서도 다시금 확인된다.

국가의 역할 재검토: 생산의 정치 복원을 위하여

기본소득이 지닌 문제의식(삶의 안정성 복원)은 기본소득론만의 것이 아니며, 이를 실현하기 위한 다양한 정책적 노력이 기울여지고 있다. 여러 제안들이 가리키는 방향은 국가가 지금보다 더 큰 역할을 해야 한다는 것이다. 우리는 7장과 8장에서 생산·분배·소비의 세 영역으로 나누어 자본주의 경제의 얼개를 그린 뒤, 전통적인 복지국가가 경제의 불균형을 주로 소비 영역에서 바로잡고자 한 데 반해 기본소득을 포함한 최근 제안들은 주로 분배 영역에서 삶의 안정성을 복원하고자 한다고 논한 바 있다.

그런데 국가의 역할을 이 두 영역으로 제한할 필요는 없다. 국가란 개인과 같이 주어진 환경에 순응할 수밖에 없는 무기력한 존재가 아니다. 일정 정도는 현실의 조건을 스스로 능동적으로 만들어낼 수 있는 힘을 가졌다. 국가는 결과의 시정뿐 아니라 그러한 결과를 낳은 원인에 대해서도 일정한 변화를 만들어낼 수 있다는 것이며, 이는 곧 생산에 대한 개입을 의미한다. 개인의 경제적 재생산 및 안전 보장을 위한 세 자원, 곧 시장소득(A), 공적이전소득(B), 공적소비(C) 가운데 국가의 역할(B+C)이 더 크게 요구되는 까닭은 A가 감소했기 때문이다. 왜 감소했는가? 보통 기술혁신, 세계화, 일자리의 비정규직화, 노조 약화 등이 원인으로 꼽히는데, 이들은 모두 생산 영역에서 벌어진 변화들이다. 따라서 국가가 생산에 개입해 개인과 경제 전체의 재생산을 적절히 매개하고 통제할 수 있다면, 분배 왜곡의 원인 자체를 일정하게 바로잡을 수 있을 것이고, 결과적으로 분배 및 소비 영역에서 국가에 요구되는 역할도 더 가벼워질 것이다.

　　흔히 생산은 순전히 민간 주체들만의 자율적인 영역인 것으로 그려지기도 하지만, 현대 경제에서 국가는 이미 다양한 방식으로 생산에 참여하고 있다. 국가는 사기업이 담당할 수도 있는 생산활동을 직접 벌이기도 하고, 무엇보다 국가 자체가 하나의 거대한 고용주다. 중앙과 지방의 정부, 그리고 다양한 영역의 공공기관에 이르기까지 정부는 한 나라의 전체 노동력의 상당 부분을 직간접적으로 고용하고 있으며, 여기서 결정된 임금이나 기타 근로조건은 민간 부문 전반에 영향을 미치지 않을 수 없다. 고용이나 노동과정과 관련된 다양한 규제를 통해서도 생산(과 그 직접적 결과로서의 분배)에 개입하는 것(근로기준법, 최저임금제 등) 또한 국가 고유의 일상적인 기능이다. 끝으로, 다양한 사회보장제도를 운영하는 현대의 국가는 기업에 아주 특수한 '고객'(일종의 수요독점자)이기도 하다.

국가가 생산에 대한 개입을 강화한다는 것은 이상의 역할을 더 적극적으로 행한다는 것을 의미하는데, 2022년 현재 국가의 생산 개입 강화의 여지는 다방면에서 적지 않다고 여겨진다. 첫째, 고용주로서 국가는 고용을 더 늘릴 수 있는데, 이것의 가능성과 필연성은 다른 선진국들과 비교해보면 곧장 드러난다. 그런데 이것이 꼭 없던 일자리를 만드는 것일 필요는 없다. 현재 광범위하게 민간에 위탁 중인 사회서비스를 국가가 직접 운용하는 것도 공공 부문의 일자리를 늘리는 좋은 방식이다. 이를 통해 일자리의 양뿐 아니라 질이 높아진다면 공공서비스의 질적 개선도 기대할 수 있을 것이다. 실제로 문재인 정부는 이를 위해 사회서비스원 설립을 공약으로 내세웠으나, 아쉽게도 그 온전한 실현은 다음 정권의 과제로 넘겨졌다. 이렇게 해서 공공 부문의 고용 비중이 커지면 이 부문의 공정한 고용 관행을 민간에 전파하는 것도 용이해질 것이다. 둘째, 사업자로서 국가는 전략적 산업을 직접 육성하거나 경제 전반을 디자인하는 '산업 정책'을 통해 민간 부문을 규율할 수 있다. 이른바 '신자유주의' 기간 내내 국가의 이러한 역할은 크게 축소된 게 사실이지만, 코로나19 이후 세계경제의 선도국들(미국, 중국, 독일 등)은 국가 주도의 산업 정책을 다시금 부활시키고 있는 실정이다. 2031년까지 총 4조 달러 규모의 인프라 투자 계획을 담고 있는 미국의 '더 나은 재건Build Back Better' 정책이나 2025년까지 220조 원의 재정 투입을 포함하는 우리의 '한국판 뉴딜' 같은 정책 패키지가 그런 예인데, 현재 우리의 경우 정권 교체에 따라 '한국판 뉴딜'의 향방은 다소 불투명한 상태다. 셋째, 민간 부문이 생산하는 재화와 서비스의 대량 구매자로서 국가는 기업에 일정한 생산조건(고용, 환경 등)을 요구할 수 있는데, 이는 최근 환경·사회·지배구조ESG 경영이라는 격랑 속에서 허우적대는 우리 기업들에게 좋은 지침이 될 수도 있을 것이다. 예를 들어, 국가는 공공조달에 참여하는 업체에 대해 비정규직 처우와 사용 정도, 근로시간의 운용 방식, 여성 노동자에 대한 처우, 장애인 고용 현황, 탄소 배출 등에 대하여 일정한 기준 준수를 요구할 수 있다. 이는 곧 국가가 생산에 대해 통제력을 행사하는 것이지만, 이를 통해 기업들이 ESG 측면에서 좋은 평가를 받는다면 기업 성과 개선을 도모할 수 있다. 끝으로, 규제자로서 국가는 최근 새롭게 떠오르는 산업 부문(플랫폼 등), 그리고 거기서 행해지는 노동과 관련된 규제를 선제적으로 마련함으로써 민간 부문의 안정적인 성장을 도모할 수도 있을 것이다. 국가가 규제자로서의 역할에 소극적인 결과, 최근 국내에서 '타다'나 각종 배달앱 관련 논란들이 불필요하게 길어지고 나아가 일부 유망 기업이 문을 닫는 일까지 벌어진 것에서 우리는 배워야 한다.

생산 영역에서 국가가 무엇을 할 수 있을지에 대한 상상은 A의 감소가 필연이 아님을 깨닫는 데서 시작된다. 일자리와 시장소득의 감소에 대한 암울한 전망은 과거 세 차례의 산업혁명에서도 늘 있어왔지만, 실제로는 매번 새로운 수요 창출이나 근로시간 감축 및 근로조건 개선 등으로 A는 외려 커져왔음을 잊지 말아야 한다. 물론 이러한 결과가 국가 혼자만의 힘으로 발생한 건 아니다. 국가가 개입하기는 해도 어디까지나 생산의 주인공은 민간의 주체들(기업과 노동자)이고, 현재의 문제는 민간의 한 축(노동)이 너무 약해진 나머지 민간의 힘만으로는 바람직한 결과가 나오기 어려운 현실이다. 따라서 당분간은 국가의 생산 개입의 목적은 노동 쪽의 힘을 강화하는 것일 수밖에 없을 것이다. 이를 통해, 기업과 노동자가 서로 적절히 견제하면서 상호이익을 증진하는 '생산의 정치'의 복원을 돕는 것이야말로 국가의 역할이다.

맺음말: 결국 문제는 민주주의다

오늘 한국에서 국가는 경제적 안전의 제공자로서, 그리고 경제의 전체적인 조율자로서 이제까지와는 차원이 다른 역할을 요구받고 있다. 이런 역할은 분배와 소비, 그리고 생산을 가로질러, 그러니까 경제 전반을 아우른다. 이러한 국가는 어떤 국가일까? 여기서 사회주의나 독재를 떠올릴 사람도 있을 것이다. 분단의 아픔과 군사독재의 폭압을 모두 겪은 우리로서는 둘 다 걱정스러운 대안일 수밖에 없다. 다른 것은 없을까? 이 대목에서 민주주의의 중요성을 다시금 되새겨보면 좋을 것 같다.

흔히 오늘날의 체제를 일컬어 정치적으로는 '1인 1표'의 민주주의지만 경제적으로는 '1원 1표'의 금권주의라고 한다. 그러나 오늘날 경제 영역에서 국가가 큰 역할을 하는 현실을 보면 꼭 그렇지만도 않다. 본문에서 국가의 경제적 역할 정도를 나타내는 국민부담률이라는 지표를 소개한 바 있다. 프랑스나 스웨덴 같은 유럽의 몇몇 선진국들에서는 이 지표가 50%에 육박하는데, 이는 한 나라 GDP의 절반가량이 세금으로 걷혀서 국가에 의해 처분된다는 뜻이다. 누구에게서 얼마의 세금을 걷을 것인가? 거둬들인 돈을 어떻게 쓸 것인가? 이런 문제들은 사회를 구성하는 여러 집단의 서로 다른 이해관계와 결부되지만, 이것들은 모두 공공 정책의 이슈로서 오늘날 대부분의 나라에서 적어도 형식적으로는 공적 장에서 민주적으로 결정된다. 하나의 국민경제가 1년간 생산하는 양의 절반—우리나라는 4분의 1 정도—이 '1원 1표'가 아니라 '1인 1표'의 원리에 따라 처분된다는 것이다.

그뿐인가. 앞 절에서 국가는 생산에도 직간접적으로 개입한다고 했다. 이를테면 국가는 그 자체로 거대한 생산자이자 고용주다. 통계청에 따르면 2020년 현재 공공 부문(=정부+

공공기관)에는 276.6만 개의 일자리가 있는데, 이는 국가가 직접 관할하는 인력 규모다. 그뿐만이 아니다. 우리나라는 최저임금제를 시행하고 있다. 고용노동부에 속한 위원회에서 매년 최저임금이 결정되면 이에 따라 약 400만 명(경제활동인구 부가조사 기준)의 노동자의 임금이 인상되어야 하고, 그보다 더 많은 수의 노동자 임금도 '밑바닥' 상승에 따라 얼마간 오르게 된다. 말하자면, 우리나라 전체 임금노동자(약 2,100만 명)의 절반 정도의 임금은 정부의 정책적 결정에 따라 직접 영향을 받는 셈이다. 이러한 현실은 임금의 결정이 노사 자율의 문제로만 여겨지는 통념과 대비된다. 나아가 플랫폼 산업·노동에 대한 규제 체계의 마련, 중대재해처벌법과 같은 법률의 제정과 집행, 공공 부문에서 ESG 가치의 구현 방식 결정, 특정 산업이나 기업에 대한 보조금 지급 등 기업의 행위와 경제 전반의 작동에 영향을 미치는 여러 가지 결정들 또한 오늘의 한국에서는 공적 사안으로 등장한다.

이쯤 되면 민주주의는 더 이상 '정치'만의 문제가 아니게 되며, 외려 '경제' 그 자체가 정치적인 성격을 강하게 갖게 되어 경제적 민주주의가 새로운 화두로 떠오르지 않을 수 없다. 이러한 경제적 민주주의는 거꾸로 대체로 형식에 그치는 정치적 민주주의를 실질화하는 토대로 작용할 것이다. 그런데 경제적 민주주의란 단순히 경제와 관련된 사안들이 공적으로 결정된다는 뜻이 아니다. 전통적으로 경제민주주의economic democracy란 작업장에서 자본가·경영진과 노동자 간의 민주적 관계, 그리고 그러한 관계에 입각한 작업장·기업 사안의 공동 의사결정을 의미했다. 물론 오늘의 한국 현실에서 그러한 민주적 관계는 요원한 것인지도 모른다. 그러나 최근 국가의 경제적 역할이 부쩍 커짐에 따라 경제의 공적 성격에 대한 대중의 각성도 빠르게 이루어지고 있는 마당이니, 그것이 민간 영역에서 유의미한 변화를 이끌어내는 것을 기대해봄직도 하다.

결국 중요한 것은 경제에 '민주적 통제'라는 고삐를 씌우는 일일 것이다. 이를 통해 4차 산업혁명의 폐해가 특정한 개인이나 집단에 집중되지 않도록 관리할 수 있다면, 그것을 가속화하기 위해 공적 자원을 투입하는 것도 더 큰 정당성을 확보할 수 있을 것이다. 이 과정에서 기본소득 같은 보편적 성격의 급부가 인민의 삶을 안정적이고 풍요롭게 하는 데 도움이 된다면 얼마든지 쓸 수 있을 것이나, 우리는 그것보다 훨씬 효율적이고 효과적인 정책 수단들도 확보하고 있음을 잊지 말아야 한다.

1장 | 첫 번째 전투: 자본주의 형성과 기본소득

1 Paul Krugman, "The Third Depression", *The New York Times*, 2010.6.27.

2 프리드리히 엥겔스, 《잉글랜드 노동계급의 처지》, 김보영 옮김, 《칼 맑스 프리드리히 엥겔스 저작 선집》 제1권, 박종철출판사, 1992, 133쪽.

3 같은 책, 148쪽.

4 Joseph A. Schumpeter, *Capitalism, Socialism and Democracy*, Routledge, 1976, p.67.

5 John Cunliffe and Guido Erreygers, eds., *The Origins of Universal Grants: An Anthology of Historical Writings on Basic Capital and Basic Income*, Palgrave, 2004 참조. 이 책은 이하에서 소개되는 주요 논자들의 저작 가운데 기본소득 관련 핵심 아이디어가 담긴 부분을 발췌해 영어로 번역해 모아놓은 책이다.

6 Thomas Paine, *Agrarian Justice*, Ibid., p.6.

7 《분배의 재구성: 기본소득과 사회적 지분 급여》(브루스 액커먼 외 지음, 너른복지연구회 옮김, 나눔의집, 2010)에서 여러 입장들의 특징과 이들 간의 상호 토론을 볼 수 있다. 논의 당사자들은 대체로 양자를 구

별하고자 애쓰지만, 이 글에서는 필요한 경우를 제외하고는 둘을 통칭해 '기본소득' 또는 '기본'이라고 부르겠다.

8 마르크스는 《자본론》 제1권 끝부분에서 그가 '시초축적(始初蓄積, die ursprüngliche Akkumulation)'이라고 부른 이 과정을 생생하게 묘사한다.

9 Thomas Paine, *Agrarian Justice*, p.12.

10 그저 여러 가지 의미의 편의상 이렇게 '이해할 수 있다'는 것이지 실제 역사가 그랬다고 해서는 안 된다. 식민지 약탈이나 공유지 파괴, 인클로저 등에서 보듯, 역사적으로 토지가 사유재산으로 전환되는 과정은 온갖 폭력과 속임수로 물들어 있음을 잊지 말아야 한다.

11 그렇다고 이 부분이 반드시 토지를 실제로 개량한 사람에게 사적으로 소유되어야만 하는 건 아니다. 공적인 방식으로 처분될 수도 있으니 말이다.

12 《공산당 선언》은 네 개의 장으로 이루어져 있다. 이 가운데 가장 잘 알려진 건 "하나의 유령이 유럽을 배회하고 있다"로 시작되는 〈서문〉과 "지금까지 존재한 모든 사회의 역사는 계급투쟁의 역사이다"로 시작되는 1장(〈부르주아와 프롤레타리아〉)인데, 이에 비해 《공산당 선언》에서 가장 많은 분량을 차지하는 3장(〈사회주의 및 공산주의 문헌〉)은 상대적으로 덜 언급된다. 여기서 저자들은 당대 진보 진영을 구성하는 다양한 사상 조류들을 비판하는데, 지금 우리가 다루는 19세기 중엽 플랑드르 지역의 '기본'론자들은 '보수적 사회주의' '비판적-유토피아적 사회주의'와 같은 표제 아래 놓을 수 있다.

2장 │ 두 번째 전투: 자본주의 변모와 기본소득

1 김공회, 〈《국부론》, 인간의 이기심과 야경국가에 대한 맹목적 찬가?〉, 《내일을 여는 역사》 봄호(통권 제70호), 2018.

2 국민소득의 측정은 1930년대 들어서 북미와 유럽의 몇몇 나라에서 시작되었다. 미국의 경우 1929년의 주식시장 붕괴로 촉발되어 1930년대 초반 은행의 대량 도산 사태에 이르는 공황의 충격을 정확히 알고자 했

던 의회의 의뢰로 국민소득 측정이 시작되었다. 물론 측정을 위한 기술적 여건이 갖춰지지 않았다면, 국민소득 측정은 불가능했을 것이다. 이와 관련된 역사는 로렌조 피오라몬티, 《GDP의 정치학》, 김현우 옮김, 후마니타스, 2016 참조.

3   아동수당, 보건서비스, 고용유지를 전제로 하여 사회보험과 국가부조를 구성한 사회보장계획. 영국 사회보장제도 확립의 기초가 되었고, 다른 자본주의 국가들의 사회보장제도 확립에 큰 영향을 주었다.

4   정부의 개입을 최소화한다는 '기본' 주창자들의 이러한 성향은 우리나라에서도 2018년 초 아동수당 도입 여부를 둘러싼 논쟁에서 드러난 적이 있다. 원래는 부모의 소득이 상위 10%에 드는 아동은 수급 대상에서 제외하려는 게 정부의 방침이었으나, 당시 '기본' 논자들을 중심으로 '상위 10%를 선별하는 행정비용이 그 10%에게도 아동수당을 지급하는 데 드는 비용보다 더 크므로 차라리 아동수당을 모두에게 주는 게 낫다'라는 논리가 힘을 얻으면서 결국 만 7세 미만의 모든 아동이 수급 대상으로 결정되었다. 그러니까 여기서 '행정비용'은 적을수록 좋다는 전제가, 그리고 '비용-편익 분석'의 틀이 은연중에 깔려 있다는 것이 문제다.

5   G. D. H. 콜의 《G. D. H. 콜의 산업민주주의》(장석준 옮김, 좁쌀한알, 2021)와 같은 책에 수록된 옮긴이 해제 참조.

6   '기본'의 역사를 다루는 이 책의 1부에서 언급되는 각 시대의 논자들 목록은, 오늘날 기본소득론자들이 여러 저작에서 자신들의 원류로 꼽는 이들을 모은 것이다. 그 저작에는 필리프 판 파레이스·야니크 판데르보흐트의 《21세기 기본소득》(홍기빈 옮김, 흐름출판, 2018), 가이 스탠딩의 《기본소득》(안효상 옮김, 창비, 2018), Peter Sloman의 *Transfer State*(Oxford University Press, 2019), Malcolm Torry의 *Basic Income*(Edward Elgar, 2021) 등이 포함된다. 따라서 여기서 언급되는 논자들이 어떤 의미에서 오늘날 기본소득의 원류가 되는지에 대해서는 별도의 비판적 평가가 필요하며, 우리는 그러한 평가의 가능성을 열어두고 논의를 진행하고 있다.

3장 | 세 번째 전투: 자본주의 심화와 기본소득

1 삼중혁명임시위원회, 〈삼중혁명〉, 안효상 옮김, 《시대》 56호, 2018. 번역은 다소 수정.

2 앞에서도 잠시 살펴보았듯이 전통적으로 프리드먼 같은 우파 성향의 경제학자들은 빈곤을 퇴치한다는 생각에 회의적이었고, 빈민을 구제하는 방식과 관련해서도 공적 제도보다는 사적 자선을 선호했다. 하지만 프리드먼은 사적 자선이 바람직하기는 하지만, 복잡한 현대사회에서 빈민구제는 일종의 공공재(public good)와 같은 성격을 갖는다면서 국가의 개입을 용인한다. 즉 우리 주변에서 빈곤이 사라지는 것은 공동체의 구성원 모두가 바라는 일이지만, 그것을 위해 자발적으로 돈을 내고자 할 사람은 필요한 것보다 적으리라는 것이다. 빈민구제의 혜택은 그것을 위해 기꺼이 돈을 낸 사람에게만 국한되지 않고 모두가 누릴 수 있기 때문인데, 이는 공공재가 갖는 비배제성(non-excludability)에 해당한다. Milton Friedman, *Capitalism and Freedom*, The University of Chicago Press, 1962, pp.190-195 참조.

3 Robert L. Heilbroner, "Free Men and Free Markets, by Robert Theobald", *Commentary*, October 1963.

4 W. Elliot Brownlee, *Federal taxation in America: A short history*, second edition, Cambridge University Press, 2016, pp.56-57.

5 Edwin R. A. Seligman, *The Income Tax: A Study of the History, Theory, and Practice of Income Taxation at Home and Abroad*, The Macmillan Company, 1911, pp.500-501.

6 한때 누진적 소득세제는 마르크스와 엥겔스가 《공산당 선언》에서 토지재산제 폐지, 상속제 폐지 등과 함께 내건 열 가지 요구 가운데 하나였을 정도로 급진적인 것으로 여겨졌다.

7 이창희, 《세법강의》 제13판, 박영사, 2015, 261쪽.

8 같은 책, 261쪽.

4장 | 기본소득, 몽상에서 현실로?

1 이 문제를 이곳에서 상세히 다룰 수는 없다. 이 주제와 관련된 가장 훌륭한 개괄로는 새뮤얼 플레이쉐커, 《분배적 정의 소사(小史)》, 강준호 옮김, 서광사, 2007 참조.

2 이 저작의 마지막 권은 1959년 1월 콜이 갑작스러운 죽음을 맞이한 다음 해에 그의 부인 마거릿 콜(Margaret Cole)에 의해 출간되었다.

3 이러한 현대적인 기본소득론의 형성에 대해서는 필리프 판 파레이스·야니크 판데르보흐트, 《21세기 기본소득》, 220~226쪽 참조. 시작 자체는 1970년대 후반 무렵이지만, 하나의 독자적인 흐름을 형성한 것은 1980년대 들어서의 일이다.

4 《21세기 자본》에서 피케티도 비슷한 논리를 전개한다. 그는 소득분배의 현실을 사람들이 알기만 하면 자신이 말하는 대안(고도의 누진성을 갖는 소득세 및 글로벌 재산세 도입)에 모두가 동의하지 않을 수 없을 거라면서, 자신이 방대한 데이터를 인용하면서 책을 쓴 것도 사람들에게 현실을 알려주기 위해서라고 밝힌 바 있다. 김공회, 〈99%를 위한 경제학인가, 9%를 위한 경제학인가〉, 김공회 외, 《왜 우리는 더 불평등해지는가: 피케티가 말하지 않았거나 말하지 못한 것들》, 바다출판사, 2014 참조.

5 카를 마르크스, 《자본론: 정치경제학비판》 I(하), 김수행 옮김, 비봉출판사, 2015.

6 최근 발생한 대표적 사례로는, 2019~2020년 차량공유서비스 '타다'를 둘러싼 논란, 그리고 2020년 음식배달앱 '배달의민족' 수수료 인상 논란 등이 있다.

7 이 주제에 대한 하나의 상세한 논의로는 김공회, 〈인지자본주의론의 가치이론 이해 비판: '비물질노동'의 개념화와 측정을 중심으로〉, 《마르크스주의 연구》 제9권 제1호, 2012가 있다.

8 더 상세한 논의로는 김공회, 〈'4차 산업혁명', 정치경제학적 관점에서 그 실체와 의미〉, 《의료와 사회》 제6호, 2017 참조. 최근 자본주의가 친환경, 친생태적으로 변모하는 움직임도 있는데, 이 또한 마찬가지다. 아무리 자본주의가 생태적으로 변화해도, 그것은 자본이 돈벌이를 생태적

인 방법으로 한다는 것을 의미할 뿐이고, 노동자계급에 대한 억압은 전혀 별개의 문제다. 김공회, 〈자본이 만드는 '청정 세상'?: 그린 자본주의의 어두운 단면〉, 《프레시안》, 2021.4.24. 참조.

9   유희곤, 〈주식시장 침체에도 상장사 7곳 배당금 1조원 초과… 개인 1위는 이재용 부회장〉, 《경향신문》, 2022.2.15.

10 조세제도에 대한 개괄적인 설명으로는 스티븐 스미스, 《세금이란 무엇인가: 민주 시민이 알아야 할 세금의 기초》, 김공회 옮김, 리시올, 2020 참조.

11 한 연구자는 저 사회적 낙인에 대해 다음과 같이 비꼰 적이 있다. "가난은 부끄러워할 것이 아니다. 그것은 선언될 수 있는 것이다―우체국 창구에서, 사회보장국의 지역사무소에서, 의사의 진료실에서, 시청에서, 아이가 다니는 학교에서, 그리고 생계를 꾸려갈 수 있을 만큼 충분히 벌지 못한다고 대놓고 말할 의향만 있다면 누구라도 받을 수 있는 혜택이 있는 곳 어디에서든지 말이다"(Bill Jordan, *Paupers: The Making of the New Claiming Class*, Routledge, 2019, p.23). 이 구절은 고전적인 복지국가가 한창이던 1970년대 '낙인'이 어떤 식으로 이루어졌는지를 잘 나타낸다. 그러나 지금 이런 식의 낙인은 거의 사라졌다.

12 기본소득 옹호자들 중에는, 국가의 적극적 역할을 개인의 자유나 기타 기본권 침해로 이해하는 사람들이 많다. 이러한 무정부주의적이고 자유지상주의적(libertarian)인 기본소득론은 정부의 역할을, 오늘날 선진 세계의 정부들이 흔히 행하는 적극적인 재분배보다는 토지에서 유래하는 지대를 본래의 주인에게 돌려주는 정도에서 제한하려는 성향을 보인다.

13 Bill Jordan, *Paupers: The Making of the New Claiming Class*.

14 여전히 약자는 'BIEN'이다. 'European'이 'Earth'로 바뀌었을 뿐이다.

5장 | 기본자산의 이상한 부활

1   계산에는 금융감독원에서 제공하는 '현재가치 계산기'를 이용했다. 다음에서 변수들을 바꿔가며 미래 기본소득의 현재가치를 계산해볼 수

있다. http://fine.fss.or.kr/main/fin_tip/cal/cal03_03.jsp.

2 정혜윤, 《슬픈 세상의 기쁜 말》(위고, 2021)에는 그런 마음속 자산을 가
진 이들의 이야기가 담겨 있다.

6장 | 우리는 '기본소득 사회'로 가고 있는가

1 미래통합당은 자유한국당, 새로운보수당, 미래를향한전진4.0 등 보수
성향의 정당·세력들이 모여 2020년 2월 17일 출범한 정당으로 당시 대
한민국의 제1야당이었다. 김종인씨는 같은 해 4월에 있었던 총선을 위
해 선대위원장으로 영입된 뒤 선거 참패 뒤에는 비대위원장을 맡았다.
이 과정에서 기본소득 수용 등 당의 체질과 정책을 쇄신하고자 노력하
다가, 2021년 4월 7일 있었던 재보궐 선거를 승리로 이끈 뒤 임기를 끝
마쳤다. 미래통합당은 2020년 9월 2일부터 당명을 국민의힘으로 바꾸
었다.

2 '지급 단계'에서 차별을 두지 않는다고 해서 지원의 차등성을 포기하는
것은 아니다. 사후적으로 얼마든지 차등성을 확보할 수 있기 때문이고,
사실은 이런 방식이 코로나19의 피해를 더 잘 반영할 수 있다. 지급 단
계에서의 차등성은 이를테면 3~4월 소득이 지난해 같은 기간에 비해
얼마나 줄었느냐를 기준으로 할 수밖에 없어 코로나19의 피해가 온전
히 반영되기 어렵고, 그래서 형평성 논란을 부를 수 있다. 반면 모두에
게 똑같이 지원금을 주고 나서 조세제도(소득세 체계)를 통해 그 일부
를 회수하는 방법도 있다. 이 경우 코로나19에 따른 피해가 2020년의
총소득액에 반영된 정도에 따라 회수액은—따라서 지급액도—달라질
것이다.

3 최초의 제안에서부터 '국민 100%에게 지급' 결정에 이르는 긴급재난
지원금 논란의 과정에 대해서는 이관후, 〈긴급재난지원금의 의의와 평
가〉, 《경남발전》 제150호, 2020을 보라.

4 김수행, 《자본주의 경제의 위기와 공황》, 서울대학교출판부, 2006.

5 강구상 외, 〈코로나19 대응 주요국의 재정 및 통화금융 정책〉, 《KIEP
세계경제포커스》 Vol.3 No.11, 대외경제정책연구원, 2020.

6 다양한 생산설비의 세세한 특성에 맞는 지원은 사실상 불가능하다. 이런 경우엔 돈으로 지원하는 게 최적이다.

7 1인 가구 40만 원, 2인 가구 60만 원, 3인 가구 80만 원, 4인 이상 가구 100만 원.

8 이관후, 〈긴급재난지원금의 의의와 평가〉, 앞의 책. 긴급재난지원금의 최초 제안에서부터 도입 결정에 이르기까지의 경과는 김공회, 〈긴급재난지원금의 제안 배경과 필요성〉(코로나19 극복을 위한 긴급재난지원금 도민토론회 발표문, 2020.4.16.)을 참조하라.

9 장하준, 〈포스트 코로나 경제의 재편〉, 최재천 외, 《코로나 사피엔스: 문명의 대전환, 대한민국 대표 석학 6인이 신인류의 미래를 말한다》, 인플루엔셜, 2020.

10 UNDP, "Temporary Basic Income to protect the world's poorest people could slow the surge in COVID-19 cases, says UNDP", https://www.undp.org/content/undp/en/home/news-centre/news/2020/Temporary_Basic_Income_to_protect_the_worlds_poorest_people_slow_COVID19.html, 2020. (검색일: 2020.7.26.)

7장 | 무엇을 보장할 것인가: 소득이 아니라 경제적 안전을

1 문제가 양적으로 환원되지 않았다면, 결과의 시정을 통해 문제 해결을 도모하는 것은 매우 어려웠을 것이다.

2 경제학은 19세기까지 'political economy'로 불렸고, 애초 '경제학'도 동양권에서 'political economy'의 번역어로 만들어진 단어였다(이헌창, 《경제·경제학》, 소화, 2015). 그러나 훗날 'political economy'가 'economics'로 바뀌면서 '경제학'이 후자의 번역어로 굳어지는 한편 전자는 '정치경제학'이라고 번역되는 주객전도가 벌어진 것이다. 그러나 이러한 이행 과정에서 바뀐 것은 이름만이 아니었으며, 경제학의 방법과 내용 전반에 걸쳐 심대한 변화가 일어났다. 자세한 논의는 Dmitris Milonakis and Ben Fine, *From Political Economy to Economics: Method, the Social and the Historical in the Evolution of Economic Theory*, Routledge,

2009 참조.

3 생산과 관련해서는, 자산소유자와 노동자는 직접 만날 일이 없다. 흔히 이 둘을 집주인과 세입자의 관계로 생각하기 쉬운데, 그건 생산이 아니라 소비 영역의 문제다.

8장 | 현대 복지국가: 경제적 안전 보장의 사회화

1 현외성, 《현대사회보장론: 한국형 복지국가와 사회보장》, 동문사, 2018, 51~53쪽.

2 Anthony Atkinson, *Income and the Welfare State: Essays on Britain and Europe*, Cambridge University Press, 1995.

3 토마 피케티, 《21세기 자본》, 장경덕 옮김, 글항아리, 2014.

4 앵거스 디턴·앤 케이스, 《절망의 죽음과 자본주의의 미래: 중년의 삶은 어떻게 비극으로 내몰리는가》, 이진원 옮김, 한국경제신문사, 2021.

5 영국의 경우, 2015년 9월 노동당 대표에 오른 제러미 코빈이 2019년 12월 총선 패배의 책임을 지고 이듬해 물러날 때까지 그림자 내각 재무장관을 지낸 존 맥도널이 편집해서 낸 *Economics for the Many*(Verso, 2018)를 보라.

6 자세한 설명은 Aaron Doyle and Richard V. Ericson, *Risk and Morality*, University of Toronto Press, 2003에 수록된 논문들과 자크 동즐로, 《사회보장의 발명》, 주형일 옮김, 동문선, 2005; 미셸 푸코, 《안전, 영토, 인구》, 오트르망 옮김, 난장, 2012 등을 참조.

7 오건호, 〈한국의 사회임금은 얼마일까?〉, 《이슈페이퍼》 2009-15, 사회공공연구소, 2009.

8 김소연, 〈복지 가늠자 '사회임금' OECD 최하위 수준〉, 《한겨레》, 2014.9.11.

9 다치바나키 도시아키, 《안전의 경제학》, 이한주 옮김, 시그마프레스, 2004, 293~294쪽.

10 여기에 의존하는 복지 체제를 김도균은 《한국 복지자본주의의 역사: 자산기반복지의 형성과 변화》(서울대학교출판문화원, 2018)에서 '자

산기반복지'라고 부른다.

11 한동우, 〈노동시장 및 기업 복지의 양극화 실태와 과제〉,《월간 복지동향》제154호, 2011.

12 그런 의미에서 이른바 '복지비용'이란 지출의 순증이 아니라 기존에 민간 주체들이 다양한 방식으로 하던 지출을 국가가 대신해 행하는, 그러니까 일종의 '지출 전환'으로 이해하는 게 적절하다. 지금 추가로 필요한 복지재정의 상당 부분은 기업과 개인이 자기 자신을 위해, 또는 자신의 가족이나 직원을 위해 쓰던 재원을 공적 영역으로 돌리는 것일 따름이다.

13 물론 앞서 논했듯이 이것 말고도 개인은 가족이나 회사 등으로부터도 조력을 받는다. 그러나 회사의 도움(기업 복지)은 크게 봐서 급여에 포함될 수 있고, 가족의 도움은 세대 간 중첩되므로 일생에 걸쳐 상쇄된다고 할 수 있는 동시에 점차 그 중요도가 떨어지고 있는 게 현실이다.

※ 저자 이름 뒤의 괄호 안 숫자는
해당 도서의 원어 초판 출간 연도임.

강구상 외, 〈코로나19 대응 주요국의 재정 및 통화금융 정책〉, 《KIEP
　　세계경제포커스》 Vol.3 No.11, 대외경제정책연구원, 2020.
국회예산정책처, 《2020년도 제2회 추가경정예산안 분석》,
　　국회예산정책처, 2020.
김공회, 〈인지자본주의론의 가치이론 이해 비판: '비물질노동'의 개념화와
　　측정을 중심으로〉, 《마르크스주의 연구》 제9권 제1호, 2012.
김공회, 〈99%를 위한 경제학인가, 9%를 위한 경제학인가〉, 김공회 외, 《왜
　　우리는 더 불평등해지는가: 피케티가 말하지 않았거나 말하지 못한
　　것들》, 바다출판사, 2014.
김공회, 〈'정치기본소득'·'언론기본소득'… 기본소득은 진화한다〉, 《한겨레》,
　　2017.2.18.
김공회, 〈'4차 산업혁명', 정치경제학적 관점에서 그 실체와 의미〉, 《의료와
　　사회》 제6호, 2017.
김공회, 〈《국부론》, 인간의 이기심과 야경국가에 대한 맹목적 찬가?〉,
　　《내일을 여는 역사》 봄호(통권 제70호), 2018.
김공회, 〈긴급재난지원금의 제안 배경과 필요성〉, 코로나19 극복을 위한

긴급재난지원금 도민토론회 발표문, 경상남도 주최, 경남연구원,
2020.4.16.

김공회, 〈자본이 만드는 '청정 세상'?: 그린 자본주의의 어두운 단면〉,
《프레시안》, 2021.4.24.

김도균, 《한국 복지자본주의의 역사: 자산기반복지의 형성과 변화》,
서울대학교출판문화원, 2018.

김소연, 〈복지 가능자 '사회임금' OECD 최하위 수준〉, 《한겨레》, 2014.9.11.

김수행, 《자본주의 경제의 위기와 공황》, 서울대학교출판부, 2006.

김연명, 〈이론적 논의〉, 민주노총, 《한국의 사회복지와 노동운동: '연대주의
사회복지 전략'을 향하여》, 민주노총 정책토론회, 숭실대학교,
1999.12.21.

김종철, 《기본소득은 틀렸다: 대안은 기본자산제다》, 개마고원, 2020.

오건호, 〈한국의 사회임금은 얼마일까?〉, 《이슈페이퍼》 2009-15,
사회공공연구소, 2009.

유희곤, 〈주식시장 침체에도 상장사 7곳 배당금 1조원 초과… 개인 1위는
이재용 부회장〉, 《경향신문》, 2022.2.15.

윤홍식, 《한국 복지국가의 기원과 궤적: 1. 자본주의로의 이행의
시작―18세기부터 1945년까지》, 사회평론아카데미, 2019.

이관후, 〈긴급재난지원금의 의의와 평가〉, 《경남발전》 제150호, 2020.

이창희, 《세법강의》 제13판, 박영사, 2015.

이헌창, 《경제·경제학》, 소화, 2015.

장석준, 〈《G. D. H. 콜의 산업민주주의》 해제: 민주적 사회주의와
산업민주주의, 두 세기의 모색과 21세기의 과제〉, G. D. H. 콜(1951), 《G.
D. H. 콜의 산업민주주의》, 장석준 옮김, 좁쌀한알, 2021.

장하준, 〈포스트 코로나 경제의 재편〉, 최재천 외, 《코로나 사피엔스:
문명의 대전환, 대한민국 대표 석학 6인이 신인류의 미래를 말한다》,
인플루엔셜, 2020.

정혜윤, 《슬픈 세상의 기쁜 말》, 위고, 2021.

한동우, 〈노동시장 및 기업 복지의 양극화 실태와 과제〉, 《월간 복지동향》
제154호, 2011.

현외성, 《현대사회보장론: 한국형 복지국가와 사회보장》, 동문사, 2018.

홍민기, 〈최상위 소득 비중의 장기 추세(1958~2013년)〉, 《경제발전연구》
　　제21권 제4호, 2015, 1~34쪽.

데이비드 갈런드(2016), 《복지국가란 무엇인가》, 정일영 옮김, 밀알서원,
　　2018.

다치바나키 도시아키(2002), 《안전의 경제학》, 이한주 옮김, 시그마프레스,
　　2004.

자크 동즐로(1985), 《사회보장의 발명: 정치적 열정의 쇠퇴에 대한 시론》,
　　주형일 옮김, 동문선, 2005.

앵거스 디턴·앤 케이스(2020), 《절망의 죽음과 자본주의의 미래: 중년의
　　삶은 어떻게 비극으로 내몰리는가》, 이진원 옮김, 한국경제신문사,
　　2021.

카를 마르크스(1867), 《자본론: 정치경제학비판》 I(하), 김수행 옮김,
　　비봉출판사, 2015.

삼중혁명임시위원회(1964), 〈삼중 혁명〉, 안효상 옮김, 《시대》 56호, 2018.

스티븐 스미스(2015), 《세금이란 무엇인가: 민주 시민이 알아야 할 세금의
　　기초》, 김공회 옮김, 리시올, 2020.

가이 스탠딩(2017), 《기본소득: 일과 삶의 새로운 패러다임》, 안효상 옮김,
　　창비, 2018.

조지프 스티글리츠(2012), 《불평등의 대가: 분열된 사회는 왜 위험한가》,
　　이순희 옮김, 열린책들, 2013.

브루스 액커먼 외(2006), 《분배의 재구성: 기본소득과 사회적 지분 급여》,
　　너른복지연구회 옮김, 나눔의집, 2010.

고스타 에스핑앤더슨(1990), 《복지 자본주의의 세 가지 세계》, 박시종
　　옮김, 성균관대학교출판부, 2007.

프리드리히 엥겔스(1845), 《잉글랜드 노동계급의 처지》, 김보영 옮김, 《칼
　　맑스 프리드리히 엥겔스 저작 선집》 제1권, 박종철 출판사, 1992.

G. D. H. 콜(1951), 《G. D. H. 콜의 산업민주주의》, 장석준 옮김, 좁쌀한알,
　　2021.

필리프 판 파레이스·야니크 판데르보흐트(2017), 《21세기 기본소득》,
　　홍기빈 옮김, 흐름출판, 2018.

찰스 페인스틴·피터 테민·지아니 토니올로(2008), 《대공황 전후
  세계경제》, 양동휴·박복영·김영완 옮김, 동서문화사, 2008.
미셸 푸코(1979), 《안전, 영토, 인구: 콜레주드프랑스 강의 1977~78년》,
  오트르망 옮김, 난장, 2012.
새뮤얼 플레이쉐커(2004), 《분배적 정의 소사(小史)》, 강준호 옮김, 서광사,
  2007.
로렌조 피오라몬티(2013), 《GDP의 정치학: 우리의 삶을 지배하는
  절대숫자》, 김현우 옮김, 후마니타스, 2016.
토마 피케티(2014), 《21세기 자본》, 장경덕 옮김, 글항아리, 2014.
토마 피케티(2019), 《자본과 이데올로기》, 안준범 옮김, 문학동네, 2020.

Atkinson, Anthony, *Income and the Welfare State: Essays on Britain and Europe*,
  Cambridge University Press, 1995.
Brownlee, W. Elliot(2004), *Federal taxation in America: A short history*,
  second edition, Cambridge University Press, 2016.
Case, Anne and Angus Deaton, 'United States of Despair', Project
  Syndicate, https://www.project-syndicate.org/commentary/
  deaths-of-despair-covid19-american-inequality-by-anne-case-
  and-angus-deaton-2020-06, 2020.6.15.
Cunliffe, John and Guido Erreygers, eds., *The Origins of Universal Grants:
  An Anthology of Historical Writings on Basic Capital and Basic Income*,
  Palgrave, 2004.
Doyle, Aaron and Richard V. Ericson, *Risk and Morality*, University of
  Toronto Press, 2003.
Friedman, Milton, *Capitalism and Freedom*, The University of Chicago
  Press, 1962.
Heilbroner, Robert L. "Free Men and Free Markets, by Robert
  Theobald", *Commentary*, October 1963.
Jordan, Bill(1973), *Paupers: The Making of the New Claiming Class*, Routledge,
  2019.
Krugman, Paul, *The New York Times*, 2010.

McDonnell, John, ed., *Economics for the Many*, Verso, 2018.

Milonakis, Dmitris and Ben Fine, *From Political Economy to Economics: Method, the Social and the Historical in the Evolution of Economic Theory*, Routledge, 2009.

OECD, *Social Expenditure Update 2019. Public Social Spending Is High in Many OECD Countries*, OECD Publishing, 2019.

OECD, *OECD Stats*, Retrieved from http://stats.oecd.org, 2020.10.15.

Paine, Thomas(1797), *Agrarian Justice*, John Cunliffe and Guido Erreygers, eds., *The Origins of Universal Grants: An Anthology of Historical Writings on Basic Capital and Basic Income*, Palgrave, 2004.

Schumpeter, Joseph A.(1943), *Capitalism, Socialism and Democracy*, introduced by Richard Swedberg, Routledge, 1976.

Seligman, Edwin R. A., *The Income Tax: A Study of the History, Theory, and Practice of Income Taxation at Home and Abroad*, The Macmillan Company, 1911.

Sloman, Peter, *Transfer State: The Idea of a Guaranteed Income and the Politics of Redistribution in Modern Britain*, Oxford University Press, 2019.

Tobin, James, "On Improving the Economic Status of the Negro", *Daedalus* 94, 1965.

Torry, Malcolm, *Basic Income: A History*, Edward Elgar, 2021.

UNDP, "Temporary Basic Income to protect the world's poorest people could slow the surge in COVID-19 cases, says UNDP", https://www.undp.org/content/undp/en/home/news-centre/news/2020/Temporary_Basic_Income_to_protect_the_worlds_poorest_people_slow_COVID19.html, 2020. (검색일: 2020.7.26.)

기본소득, 공상 혹은 환상

초판 1쇄 펴낸날   2022년 7월 2일
초판 2쇄 펴낸날   2023년 1월 16일
지은이   김공회
펴낸이   박재영
편집   이정신·임세현·한의영
마케팅   신연경
디자인   조하늘
제작   제이오
펴낸곳   도서출판 오월의봄
주소   경기도 파주시 회동길 363-15 201호
등록   제406-2010-000111호
전화   070-7704-5018
팩스   0505-300-0518
이메일   maybook05@naver.com
트위터   @oohbom
블로그   blog.naver.com/maybook05
페이스북   facebook.com/maybook05
인스타그램   instagram.com/maybooks_05

ISBN   979-11-6873-027-4 03300

만든 사람들
책임편집   박재영
디자인   조하늘